버킷리스트 치앙마이

버킷리스트 치앙마이

나만 알고 싶은 치앙마이 스폿 115

2019년 7월 18일 1판 1쇄 인쇄
2019년 7월 25일 1판 1쇄 발행

지은이 이나라
펴낸이 이상훈
펴낸곳 책밥
주소 03986 서울시 마포구 동교로23길 116 3층
전화 번호 070-7882-2322
팩스 번호 02-335-6702
홈페이지 www.bookisbab.co.kr
등록 2007.1.31. 제313-2007-126호

기획·진행 기획2팀 김다빈
디자인 프롬디자인

ISBN 979-11-86925-88-1 (14980)
정가 14,800원

ⓒ 이나라, 2019
이 책은 저작권법에 따라 보호받는 저작물이므로 무단전재와 무단복제를 금합니다.
이 책 내용의 전부 또는 일부를 사용하려면 반드시 저작권자와 출판사에 동의를 받아야 합니다.

책밥은 (주)오렌지페이퍼의 출판 브랜드입니다.

이 도서의 국립중앙도서관 출판예정도서목록(CIP)은 서지정보유통지원시스템 홈페이지
(http://seoji.nl.go.kr)와 국가자료종합목록 구축시스템(http://kolis-net.nl.go.kr)에서
이용하실 수 있습니다. (CIP제어번호 : CIP2019026540)

버킷리스트

나만 알고 싶은 치앙마이 스폿 115

이나라 지음

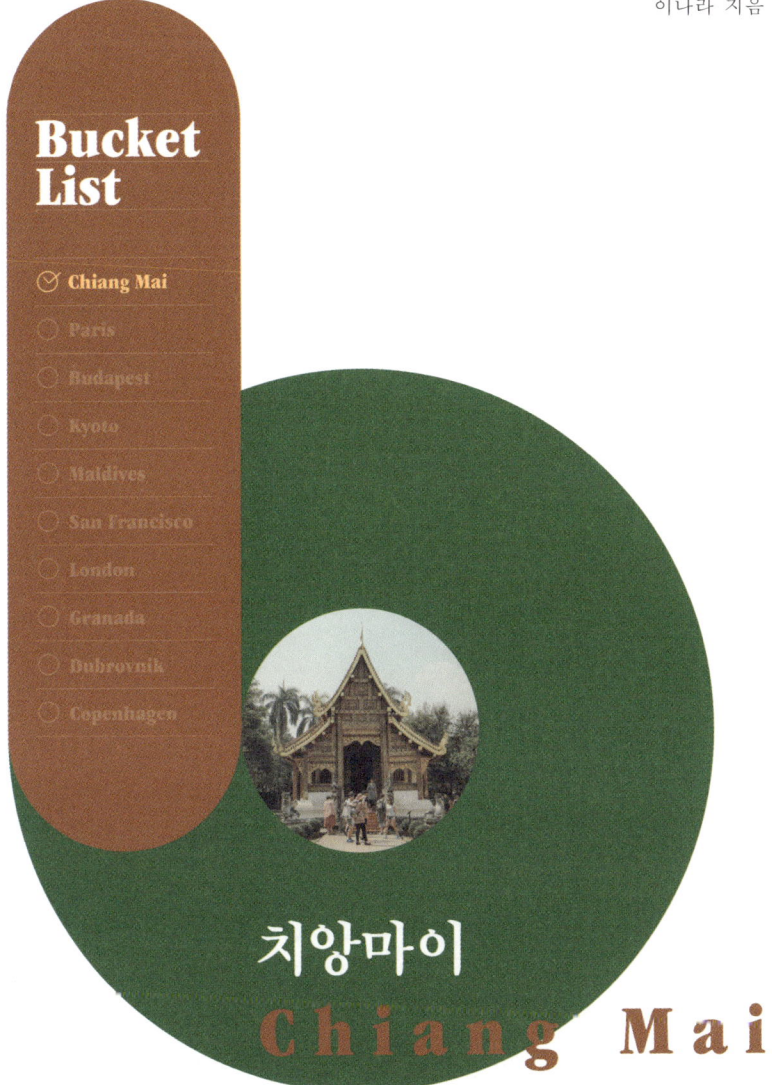

Bucket List

- ✓ Chiang Mai
- ○ Paris
- ○ Budapest
- ○ Kyoto
- ○ Maldives
- ○ San Francisco
- ○ London
- ○ Granada
- ○ Dubrovnik
- ○ Copenhagen

치앙마이
Chiang Mai

책밥

◆ 목차

- ◆ 이 책을 보는 방법 ... 10
- ◆ 항공권 예약하기 ... 14
- ◆ 대중교통 ... 16
- ◆ 월별 날씨 ... 17
- ◆ 축제 ... 18
- ◆ 대표 여행지 ... 19
- ◆ 음식 주문하기 ... 23

Looking around

bucket list 1 왓프라탓 도이수텝 사원에서 보랏빛 노을 보기

- 도이수텝 계단 Steps up to Doi Suthep ... 30
- 왓프라탓 도이수텝 Wat Phra That Doi Suthep ... 32
- 도이수텝 뷰포인트 Viewpoint of Doi Suthep ... 33
- 도이뿌이 뷰포인트 Doi Pui Viewpoint ... 34
- course 하루 코스 ... 35

bucket list 2 예스러운 성벽으로 둘러싸인 낭만 가득 올드시티 산책하기

- 펀 포레스트 카페 Fern Forest Cafe ... 38
- 왓프라싱 Wat Phra Singh ... 40
- 서포트 소이 14/6 Support Soi 14/6 ... 41
- local food 올드시티의 간단한 먹거리 ... 42
- course 하루 코스 ... 45

bucket list 3 님만해민 골목골목 숨겨진 감성 스폿 찾기

원남만 One Nimman	48
옴니아 팝업 카페 RK cafe by Omnia	49
러스틱 앤 블루 Rustic and Blue The Farm Shop	50
플로어 플로어 슬라이스 Flour Flour Slice	52
course 하루 코스	55

bucket list 4 잔잔하고 고요한 호수를 바라보며 사색에 잠기기

앙깨우 호수 Ang Kaew Reservoir	58
테이스티 카페 Taste Cafe	59
후웨이 통 타오 호수 Huay Tung Tao Lake	60
농부악 시티 공원 Nong Buak Hard Public Park	62
course 하루 코스	65

bucket list 5 삥강에서 붉게 지는 노을 바라보기

라타나코신 다리 Ratanakosin Bridge	68
레지나 가든 Regina Garden	70
엣 쿠아렉 카페 앤 레스토랑 At Khualek Cafe & Restaurant	71
course 하루 코스	73

Staying overnight

bucket list 6 한적한 풍경을 간직한 항동에서 여유 만끽하기

호시하나 빌리지 Hoshihana Village	78
호시하나의 저녁 Dinner at Hoshihana Village	80
항동 마을 시장 Street Markets in Hang Dong	81
course 하루 코스	83

bucket list 7 여행자들의 안식처 빠이에서 히피처럼 살아 보기

싸이응암 온천 Sai Ngam Hot Spring	86
빠이 핫스프링 스파 리조트 Pai Hot spring Spa Resort	87
빠이 캐니언 Pai Canyon	88
부짜스 백팩커스 Buzzas Backpackers	90
카페 드 빠이 Cafe de Pai	91
course 하루 코스	93

bucket list 8 감성적인 숙소에서 온전히 혼자만의 시간 보내기

럭룹 크래프트 코티지 Norn-Oon LuckLub Crafted Cottage	96
하우스 호스텔 Haus Hostel	98
더 래버러토리 The Laboratory	99
course 하루 코스	101

Doing   activities

bucket list 9   더위를 날려 버릴 그랜드캐니언에서 다이빙하기

치앙마이 그랜드캐니언 Chiang Mai Grand Canyon   106
워터파크 Water Park   107
푸핀 테라스 Phufinn Terrace   108
course 하루 코스   111

bucket list 10   요가로 부지런하게 아침 시작하기

삿바 요가 Satva Yoga   114
슬로우 핸즈 스튜디오 Slow Hands Studio   116
course 하루 코스   119

bucket list 11   새로운 친구들과 태국 음식 만들기

마마노이 타이 쿠커리 스쿨 Mama noi Thai Cookery School   122
바질 쿠커리 스쿨 Basil Cookery School   123
타이 팜 쿠킹 스쿨 Thai Farm Cooking School   124
course 하루 코스   127

Enjoying the table

bucket list 12 미뤄 왔던 책과 다이어리를 들고 카페 나들이하기

No. 39 카페 No.39 Cafe 132
페이퍼 스푼 Paper Spoon 134
수텝 앤 손즈 카페 Suthep and Sons Cafe 136
더 반 이터리 앤 디자인 The Barn Eatery and Design 138
course 하루 코스 139

bucket list 13 독특한 분위기의 카페에서 인생 사진 남기기

동 마담 Dong Madame 142
더 아이언우드 The Ironwood 144
통마 스튜디오 Thongma Studio 146
course 하루 코스 149

bucket list 14 라이브 공연을 보며 맥주와 함께 하루 마무리하기

호피폴라 Hoppipolla 152
더 노스 게이트 재즈 코업 The North Gate Jazz Co-Op 154
플로엔 루디 Ploen Ruedee Night Market 156
루츠 락 레게 Roots Rock Reggae 157
course 하루 코스 159

Shopping in Chiang Mai

bucket list 15   푸름 가득한 모닝마켓에서 아침 시작하기

반캉왓 모닝마켓 Baan Kang Wat Morning Market   164
나나 정글 Nana Jungle   166
course 하루 코스   169

bucket list 16   오직 치앙마이에만 있는 독특한 아이템 쇼핑하기

나나이로 Nanairo   172
이너프 포 라이프 Enough for Life   174
라탄 가게 Rattan Shop   176
선데이 마켓 Sunday Night Market   177
shopping 쇼핑 리스트   178
local food 야시장 먹거리   179
course 하루 코스   181

bucket list 17   플라워 마켓에서 나에게 꽃 선물하기

플로리스트 마켓 Florist Market Mueang Chiang Mai   184
와로롯 마켓 Warorot Market   186
course 하루 코스   189

• 인덱스   190

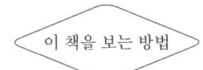
이 책을 보는 방법

버킷리스트 시리즈는 한 나라 전체가 아닌 도시를 다루는 해외 여행서입니다. 그 도시를 잘 아는 저자가 그곳에서 꼭 해볼 만한 여행을 엄선해 소개합니다. 유명 관광지만 둘러보고 오는 뻔한 여행 대신 오래도록 기억에 남는, 특별한 여행을 도와줍니다.

◆ 여행 목적을 고려하여 버킷리스트를 'Looking around', 'Staying overnight', 'Doing activities' 등의 테마로 분류했으며, 하나의 버킷리스트마다 해당 버킷리스트를 이룰 수 있는 스폿을 두세 곳씩 소개합니다.

◆ 스폿 소개가 끝나면 하루에 돌아볼 수 있는 여행 코스를 제안합니다. 앞서 소개한 버킷리스트 스폿 중 최소 한 군데를 포함한 1일 코스입니다. 코스의 각 스폿마다 간단한 소개글과 정보를 담았습니다.

◆ 각 스폿마다 위치, 전화번호, 운영시간, 이용요금 등의 기본 정보를 소개하며 주소 대신 검색이 편리한 구글 좌표를 제공합니다. 앱스토어 또는 플레이 스토어에서 '구글 맵스Google Maps'를 다운로드해 어플을 실행하고, 검색창에 찾고 싶은 스폿의 좌표를 입력합니다.
좌표를 입력하기 번거롭다면 함께 수록된 QR코드를 통해서도 위치를 확인할 수 있습니다.

◆ 여행할 때 주의 사항이나 스폿의 부가 정보를 tip에 담았습니다.

◆ 가고 싶은 스폿만 쉽고 빠르게 찾아볼 수 있도록 맨 마지막 페이지에서 인덱스를 제공합니다.

직항으로 치앙마이 가기

직항을 이용해 치앙마이로 가려면 인천 공항에서 출국하는 대한항공 또는 제주항공의 티켓을 발권하면 된다. 직항인 만큼 5시간 40분 정도면 치앙마이에 도착하며, 대한항공보다 제주항공에서 좀 더 저렴하게 티켓을 예약할 수 있다. 단, 두 항공사 모두 매일매일 취항하지는 않으므로 비행 스케줄에 여행 일정을 맞춰야 한다는 단점이 있다.

방콕 경유로 치앙마이 가기

직항을 이용하지 않는다면 방콕을 경유해 치앙마이에 갈 수 있다. 방콕까지는 약 6시간이 걸리며 직항과 큰 차이는 없다. 방콕을 운항하는 항공사가 대한항공, 아시아나, 제주항공, 진에어, 티웨이, 이스타, 타이항공, 에어아시아 등으로 많아 스케줄을 잘 맞춘다면 직항보다 훨씬 저렴하게 예약할 수 있다. 또한 방콕에서 치앙마이로 가는 항공권도 왕복 6만 원 정도로 구입할 수 있어 직항보다 경비를 20만 원 이상 아낄 수 있다. 방콕에서 하루 이틀 여행한 뒤 치앙마이로 넘어가는 것도 좋은 방법이다.

방콕에서 치앙마이로 가기

① 비행기

방콕에서 가장 편리하게 치앙마이로 갈 수 있는 수단이다. 돈므앙 공항 또는 수완나품 공항에서 치앙마이로 향하는 국내선 항공을 이용한다.

항공사 타이항공, 타이비엣젯, 타이스마일, 방콕 에어웨이, 타이라이언 등
이용요금 왕복 6만 원대
소요시간 약 1시간

② 버스

방콕 모칫 터미널에서 출발하는 야간 버스로 버스 터미널에는 여러 버스 회사가 있어서 원하는 시간대에 맞게 티켓을 구입할 수 있다. 여행객들이 주로 이용하는 버스는 VIP 야간 버스로 나콘차이, 솜밧투어 버스 회사가 유명하다. 치앙마이까지 일반 야간 버스보다 더 쾌적하게 이동한다는 장점이 있다. 대부분의 여행객이 VIP 야간 버스를 선호하기 때문에 예매는 필수다. 각 버스 회사의 사이트나 숙소 프런트, 버스 터미널에서 예매할 수 있다.

이용요금 편도 800~1000밧 좌석마다 가격 상이
소요시간 약10시간

tip 나콘차이는 사이트www2.nakhonchaiair.com를 통해서도 예약할 수 있지만 솜밧투어는 사이트가 따로 없어 버스 터미널에서 예약해야 한다.

③ 기차

방콕의 휠람퐁 기차역에서 출발하며 슬리핑 기차를 이용하면 편리하고 아늑하게 갈 수 있어 인기가 많다. 인기가 많은 만큼 출발하기 최소 일주일 전에는 예매를 해야 한다. 태국 철도청 사이트www.thairailwayticket.com 또는 방콕 기차역에서 예매 가능하며 위 칸이 아래 칸보다 저렴하다.

이용요금 SPECIAL EXPRESS 기준 아래 칸 1000밧대 위 칸 900밧대
소요시간 약13시간

◇ 대중교통 ◇

성태우

치앙마이의 대표적인 교통수단으로 택시처럼 승객의 목적지에 따라 이동한다. 목적지가 비슷한 경우에는 다른 승객과 합승하기도 한다. 손을 흔들어 성태우를 세우고 기사에게 목적지를 말한 다음 탑승한다. 치앙마이 시내에서는 주로 빨간색 성태우를 이용하며 성태우의 색깔별로 운행 노선에 차이가 있다. 거리에 따라 가격이 달라지므로 흥정은 필수.

기본요금 30밧

tip 치앙마이 시내를 벗어나면 요금이 60밧까지 오르므로 탑승하기 전에 가격을 확인해야 한다.

◆ **색깔별 노선**
빨강 치앙마이 시내 및 인근 지역
노랑 매림, 산깜팽, 항동
하양 매땡
파랑 람푼, 사라피
주황 팡, 타톤
초록 매조, 매히야

그랩과 우버

치앙마이를 여행할 때 가장 유용하게 사용할 수 있는 교통수단이다. 그랩Grab 또는 우버Uber 앱을 휴대폰에 다운로드 받는다. 태국 유심을 쓰면 제공되는 번호를 안내에 따라 입력한 다음, 출발지와 도착지를 입력하고 배차를 기다린다. 일일이 가격을 흥정하지 않아도 되고 도착지를 설명할 필요가 없어 편리하다.

월별 평균 기온

1월	2월	3월	4월	5월	6월
29.4°	32.2°	34.9°	36.1°	34.0°	32.6°

7월	8월	9월	10월	11월	12월
31.8°	31.3°	31.2°	31.4°	31.3°	31.5°

- 11~2월

11월은 성수기가 시작되는 시기로 비가 자주 오지만 기온이 점점 떨어져 여행하는 데 크게 불편함이 없다. 12월은 1년 중 가장 덜 더운 시기로 건기이면서 최대 성수기이다. 일교차가 커 낮에는 덥지만 아침저녁으로는 쌀쌀해 겉옷을 챙겨야 한다. 다른 달보다 습하지 않아 산책하며 햇살을 느끼기에 딱 좋은 시기이다.

- 3~4월

건기라 여행하기는 좋지만, 본격적으로 더워지는 시기이기 때문에 야외 활동할 때 주의해야 한다. 낮 동안에는 한여름만큼 덥지만 아침저녁으로는 선선하다. 얇은 겉옷과 통풍이 잘되는 시원한 옷을 함께 챙겨 가면 좋다.

- 5월~10월

우리나라 한여름보다 더우면서 하루에 한 번씩 스콜이 내리는 우기로 여행 중에 비를 만날 확률이 무척 높다. 하지만 비가 내리다가도 금방 그치고 쨍쨍하게 날이 개는 경우도 많으니 크게 걱정하지 않아도 된다. 비가 수시로 내리기 때문에 여벌옷과 우산은 꼭 챙겨야 한다.

◇ 축제 ◇

4월 13일~15일 | 송끄란

물의 축제라고도 불리는 태국의 가장 큰 축제. 모두에게 축복을 빌기 위해 물을 뿌리던 게 전통이었지만, 지금은 많은 사람들이 모여 물총을 들고 다니며 물싸움을 하는 행사로 굳어졌다. 신나는 이 축제를 즐기기 위해 태국 사람뿐만 아니라 수많은 나라의 여행객들이 몰려든다.

11월 1일~30일 | 러이끄라통

등불축제로 잘 알려진 태국의 전통 축제. 강가에 연꽃 모양의 작은 배를 띄워 보내며 소원을 비는 게 보편적이지만, 치앙마이에서는 삥강 주변에서 풍등을 만들어 하늘에 날린다. 두둥실 떠오른 수많은 풍등을 올려다보면 영화 라푼젤의 한 장면처럼 깊은 감동을 받을 것이다.

12월 5일~11일 | 님만해민 아트&디자인페어

냅 페스티벌Nap Festival이라고 불리는 축제로 님만해민의 소이1 골목에서 열린다. 수많은 태국의 디자이너가 참여한 60여개의 부스에서 도자기 공예나 대나무 공예 같은 워크숍도 체험할 수 있으며 다양한 볼거리와 먹거리를 즐길 수 있다. 구매 욕구를 불러일으키는 독특한 수공예품도 가득하다. 치앙마이의 유명 밴드인 노스 게이트의 공연이 열리기도 하는 만큼 이 시기에 치앙마이에 머문다면 꼭 냅 페스티벌에 들러 보자.

왓프라탓 도이수텝 Wat Phra That Doi Suthep

수텝 산에 위치한 치앙마이를 대표하는 사원으로 란나 왕국 1383년에 지어졌다. 뱀 조각으로 장식된 309개의 계단을 오르면 황금빛으로 물든 아름다운 사원이 나온다. 해발 1,053미터에 위치하는 만큼 치앙마이 시가지를 한눈에 내려다볼 수 있어 야경이 아름다운 곳으로 꼽힌다.

후웨이 통 타오 호수 Huay Tung Tao Lake

높은 산으로 둘러싸인 치앙마이에서 드넓은 호수를 만날 수 있는 곳으로 치앙마이 시내와는 10킬로미터 이상 떨어져 있지만, 우버나 성태우를 이용해 쉽게 갈 수 있다. 방갈로에 누워 맛있는 음식도 먹고 뒹굴며 더위를 식혀도 좋을 것이다.

삥강 Mae Ping

치앙마이 도심에 흐르는 강으로 치앙다오에서부터 물줄기가 흘러 방콕의 차오프라야강까지 이어진다. 치앙마이에서 가장 아름다운 노을을 볼 수 있으며 강가에는 레스토랑, 바, 카페가 즐비하게 들어서 있다.

도이 인타논 Doi Inthanon

해발 2,565미터로 태국에서 가장 높은 산이며 태국의 지붕이라 불린다. 1954년에 국립공원으로 지정된 도이 인타논에는 수많은 식물과 울창한 삼림, 폭포와 동굴 등 다채로운 자연 경치를 볼 수 있어 많은 이들이 찾는다. 지대가 높은 만큼 다른 지역보다 선선하다.

치앙마이 그랜드캐니언 Chiang Mai Grand Canyon

빗물과 지하수가 고여 인공적으로 형성된 협곡으로 물놀이나 다이빙 같은 액티비티를 즐길 수 있다. 그랜드캐니언에서 내려다 보는 풍경도 아름다워 하루 종일 질리지 않고 놀 수 있는 곳이다.

노스 게이트 재즈 코업 The North Gate Jazz Co-Op

치앙마이의 유명한 밴드 노스 게이트가 라이브 공연을 하는 곳으로 매주 화요일 밤이면 이곳에서 춤과 음악을 즐기러 모인 사람들로 거리가 금세 북적인다. 익숙하지 않던 재즈를 이날만큼은 제대로 감상할 수 있을 것이다.

선데이 마켓 Sunday Night Market

올드시티에서 열리는 야시장으로 치앙마이에서 가장 큰 규모다. 낮과는 또 다른 모습으로 변하는 올드시티의 거리를 보는 것도 색다른 재미. 기념품을 살 예정이라면 없는 게 없는 선데이 마켓이 제격이다.

빠이 Pai

치앙마이에서 130킬로미터를 달려 700여 개의 커브를 지나면 나오는 배낭 여행객들의 천국. 산속에 비밀스럽게 자리한 빠이에 백팩커들의 발걸음이 끊이지 않는 이유는 작은 마을이 푸르른 자연과 맞닿아 있기 때문. 무얼 하든 치앙마이와는 또 다른 일상을 만날 수 있다.

산깜팽 온천 Sankampaeng Hot Spring

치앙마이의 가장 대표적인 온천으로 치앙마이의 외곽 산깜팽 지역에 위치해 있다. 온천 입구부터 풍겨 오는 유황 냄새를 맡으며, 온천수에 달걀을 담가 삶아 먹어 보고 족욕탕에서 족욕도 즐겨 보자. 실내 욕탕을 이용하려면 이용료를 추가로 지불해야 한다. 산깜팽에서는 온천뿐만 아니라 보상 마을의 다양한 수공예품 가게도 함께 둘러볼 수 있다.

몬 쨈 Mon Jam

매림에 위치한 일몰 명소로 가는 길이 힘들지만, 정상에서 바라보는 풍경은 고생을 잊을 정도로 마음을 편안하게 해준다. 원두막에 앉아 잠시 쉬어도 좋고 옆에 꾸며 놓은 꽃밭에서 사진을 찍어도 좋다. 몬 쨈을 중심으로 근교를 함께 관광하는 현지 투어도 많이 진행하고 있어 어렵지 않게 들를 수 있다.

◇ 음식 주문하기 ◇

재료

카오 ข้าว Khao / 밥
뿌 ปู Pu / 게
꿍 กุ้ง Kung / 새우
까이 ไก่ Kai / 닭고기
뻿 เป็ด Pet / 오리고기
무 หมู Mu / 돼지고기
느아 เนื้อ Nuea / 소고기

탈레 ทะเล Thale / 해산물
룩친 ลูกชิ้น Lookchin / 어묵
쌉빠롯 สับปะรด Sapparot / 파인애플
카파오 กระเพรา kaphrao / 바질
팍치 ผักชี Phak chi / 고수
운센 วุ้นเส้น Wun sen / 당면

조리법

똠 ต้ม Tom / 끓인 음식
얌 ยำ Yam / 섞거나 무친 음식
팟 ผัด Phat / 볶은 음식
양 ย่าง Yang / 구운 음식
파오 เผา Pao / 불에 직접 구운 음식
쌉 สับ Sap / 다진 음식
땀 ตำ Tam / 찧은 음식
삥 ปิ้ง Ping / 꼬치구이

음식

카오팟 ข้าวผัด Khao phat / 볶음밥
카오팟뿌 ข้าวผัดปู Khao phat pu / 게살 볶음밥
카오팟꿍 ข้าวผัดกุ้ง Khao phat kung / 새우 볶음밥
카오팟까이 ข้าวผัดไก่ Khao phat kai / 닭고기 볶음밥
카오팟무 ข้าวผัดหมู Khao phat mu / 돼지고기 볶음밥

카오팟느아 ข้าวผัดเนื้อ Khao phat nuea / 소고기 볶음밥
카오팟쌉빠롯 ข้าวผัดสับปะรด Khao phat / 파인애플 볶음밥

꾸웨이띠여우 ก๋วยเตี๋ยว kuai tiao / 태국식 쌀국수
꾸웨이띠여우까이 ก๋วยเตี๋ยวไก่ kuai tiao kai / 닭고기 쌀국수
꾸웨이띠여우무 ก๋วยเตี๋ยวหมู kuai tiao mu / 돼지고기 쌀국수
꾸웨이띠여우느아 ก๋วยเตี๋ยวเนื้อ kuai tiao nuea / 소고기 쌀국수

카오소이 ข้าวซอย Khao soi / 카레가루를 넣은 육수와 계란으로 만든 밀면이 들어간 국수
카오소이까이 ข้าวซอยไก่ Khao soi kai / 카레가루를 넣은 육수와 계란으로 만든 밀면이 들어간 닭고기 국수

팟카파오 ผัดกระเพรา phat kaphrao / 바질 볶음
팟카파오무쌉 ผัดกะเพราหมูสับ phat kaphrao mu sap / 다진 돼지고기 바질 볶음

까이양 ไก่ย่าง Kai yang / 닭고기 구이
무양 หมูย่าง Mu yang / 돼지고기 구이

똠얌 ต้มยำ Tom yam / 육수에 채소, 고추, 라임을 넣어 끓인 맵고 신 스프
똠얌꿍 ต้มยำกุ้ง Tom yam kung / 새우를 넣은 똠얌
똠얌까이 ต้มยำไก่ Tom yam kai / 닭고기를 넣은 똠얌
똠얌탈레 ต้มยำทะเล Tom yam thale / 해산물을 넣은 똠얌

팟타이 ผัดไทย Phat Thai / 볶음 쌀국수

뿌팟퐁커리 ปูผัดผงกะหรี่ Pu phat phong kari / 카레가루로 볶은 게 요리

얌운센 ยำวุ้นเส้น Yam wun sen / 당면 샐러드

솜땀 ส้มตำ Som tam / 파파야 샐러드

카놈빵 ขนมปัง Khanom buang / 크레이프와 비슷한 모양의 팬케이크

◆ 음식점에서 필요한 태국어 ◆

말하는 사람이 여자일 경우 문장 끝에 '카'를 남자일 경우 '캅'을 씁니다.

고수는 빼주세요 / 마이 싸이 팍치
물 주세요 / 커 남 너이 카(캅)
맛있어요 / 아러이 카(캅)
얼마예요? / 타올라이 카
계산해 주세요 / 첵 빈 카(캅) / 깹땅 너이 카(캅)

Looking _____
  _____ around

bucket list 1

왓프라탓 도이수텝 사원에서
보랏빛 노을 보기

구불구불한 산길을 지나 309개의 계단을 오르면 초록이 걷히고 주변이 환해지며 황금빛으로 물든 아름다운 사원 왓프라탓 도이수텝이 나온다. 치앙마이 하면 빼놓을 수 없는 대표적인 관광지 도이수텝은 태국에서 가장 높은 산인 도이 인타논의 봉우리 중 하나로 치앙마이의 빛나는 야경을 감상하기에 더없이 좋은 장소다.

여행의 첫날, 도이수텝을 오르는 것으로 시작해 본다. 치앙마이를 한눈에 담으며 이제야 내가 치앙마이에 온 게 실감이 난다. 어떤 날의 하늘은 맑은 날씨 덕에 별이 잘 보이고, 어떤 날의 하늘은 동남아 특유의 탁한 공기와 노을이 섞인다. 오늘은 어떤 하늘을 볼 수 있을까. 이래도 좋고, 저래도 좋다. 난 지금 치앙마이인 걸.

도이수텝 계단
Steps up to Doi Suthep

도이수텝 입구에 들어서면 계단에 늘어선 작은 가게들이 보인다. 본격적인 관광을 하기 전에 간단한 군것질을 하거나 치앙마이 고산족이 만든 수공예품을 구경하며 오르다 보면 309개의 계단이 나타나는 진짜 입구에 다다르게 된다. 고개를 위로 쭉 빼고 올려다보아야 겨우 보이는 계단의 끝. 여기를 언제 다 올라갈까 하는 걱정에 눈앞이 흐려질 수도 있지만, 이 계단도 충분히 즐기며 올라갈 수 있는 방법이 있다. 사람들이 조금이라도 없는 틈을 타 계단에 앉아 치앙마이에 왔다는 걸 누가 봐도 알 수 있는 사진을 찍어 보면 어떨까. 계단 중간중간 누워 있는 귀여운 강아지들을 구경하는 재미도 쏠쏠하다.

위치 18.805009, 98.921631
전화번호 +66 53 295 002
운영시간 06:00~18:00
이용요금 30밧(엘리베이터 이용시 50밧)

왓프라탓 도이수텝
Wat Phra That Doi Suthep

란나 왕국 1383년에 지어진 치앙마이를 대표하는 사원이다. 부처의 사리가 안치된 사원이라는 뜻의 '왓프라탓' 안에는 흰 코끼리가 있는데 부처의 사리를 운반하던 흰 코끼리가 수텝 산에 올라 탑 세 바퀴를 돌다가 쓰러져 죽었다는 전설이 전해진다. 해발 1,053미터에 위치하고 있어 치앙마이 시가지를 한눈에 내려다볼 수 있다. 그만큼 이곳에서 바라보는 일몰과 야경이 무척 빼어나다.

불교 국가인 태국에서는 사원에 입장할 때 지켜야 할 예절이 있다. 먼저 민소매나 깊게 파인 옷, 짧은 바지와 치마, 맨발은 입장이 제한된다. 사원을 방문할 예정이라면 스카프를 챙겨 다리에 두르거나 노출이 과하지 않은 상의와 하의를 입고 가는 것이 좋다.

도이수텝 뷰포인트
Viewpoint of Doi Suthep

도이수텝에 왔다면 노을을 놓칠 수 없다. 사원을 둘러보며 해가 지기를 기다려 보자. 해가 저물 시간에 맞춰 오는 것도 좋다. 하나둘 여행객들이 떠나고 한산해질 무렵 하늘을 바라보다 보면 어느새 푸른색과 보라색이 섞인 아름다운 하늘을 만나게 된다. 반짝반짝 빛나는 치앙마이를 내려다보는 순간 치앙마이의 노을에 푹 빠지고 만다. 해가 완전히 사라지고 밤공기를 느끼며 돌아오는 길 내내 여운이 가시지 않는다. 사원은 물론 노을과 야경이 아름다운 도이수텝. 단, 산속의 밤공기가 차니 긴 옷을 하나 챙겨 가자.

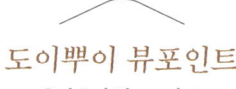

도이뿌이 뷰포인트
Doi Pui Viewpoint

도이뿌이는 몽족이 모여 사는 마을이 있는 곳이다. 몽족 마을에는 다양한 수공예품을 파는 상점이 곳곳에 있어 구경하는 재미도 쏠쏠하다. 이 마을을 지나 험난한 산길을 오르면 도이수텝에서 보는 것과는 또 다른 노을을 볼 수 있다. 힘들게 올라와서 그런지 서서히 저물어 가는 해를 보니 가슴이 벅차오른다. 이 풍경을 오래도록 간직해 두어야지.

위치 18.816505, 98.889170

course
하루 코스

홍태우 레스토랑 Hong Tauw Restaurant
위치 18.799927, 98.967285
전화번호 +66 53 218 333
운영시간 11:00~22:00
이용요금 음식 90~250밧
◦ 님만해민에 위치한 깔끔한 태국 음식점. 에스러운 실내 분위기와 정갈한 음식으로 현지인에게도 사랑받는 곳이다. 특히 똠얌꿍과 솜땀이 맛있기로 유명하다.

리스트레토 랩 Ristr8to Lab
위치 18.798989, 98.968654
전화번호 +66 53 215 278
운영시간 08:30~19:00 화요일 휴무
이용요금 음료 평균 100밧
◦ 태국의 라테 아트 챔피언이면서 세계적인 바리스타가 운영하는 카페로 예쁜 라테 아트와 맛있는 커피를 즐길 수 있다. 이곳에 들른다면 사탄 라테와 플랫 화이트는 꼭 마셔 보자.

푸뼁 궁전 Bhubing Palace
위치 18.805338, 98.900477
전화번호 +66 53 223 065
운영시간 08:30~15:30
이용요금 입장료 50밧
◦ 왓프라탓 도이수텝과 인접해 있는 왕족의 별장으로 왕가가 머무는 겨울에는 입장이 제한된다. 정원에 가득 핀 장미가 아름다워 천천히 둘러보며 산책하기 좋다.

왓프라탓 도이수텝 Wat Phra That Doi Suthep
위치 18.805009, 98.921631
전화번호 +66 53 295 002
운영시간 06:00~18:00
이용요금 30밧(엘리베이터 이용시 50밧)
◦ 수텝산에 위치한 치앙마이를 대표하는 사원. 높은 곳에 위치한 만큼 멋있는 일몰과 야경을 감상할 수 있다.

펑키 그릴 Funky Grill
위치 18.802977, 98.964597
전화번호 +66 83 944 6336
운영시간 18:00~02:00
이용요금 음식 10~90밧
◦ 늦은 시간까지 운영하는 꼬치집으로 가격이 저렴해 양껏 즐길 수 있다. 맥주도 가볍게 한잔 할 수 있으니 하루 동안 쌓인 피로를 풀기에 제격이다.

Looking around

bucket list 2

예스러운 성벽으로 둘러싸인 낭만 가득 올드시티 산책하기

치앙마이의 한가운데 네모난 성곽으로 둘러싸인 이곳은 구시가지로 올드시티라 불린다. 이름에서부터 낭만이 한 움큼 뿜어져 나오는 듯한 올드시티의 동서남북에는 구시가지와 신시가지를 연결하는 문이 있는데, 특히 동쪽에 위치한 타패 게이트가 사진 찍기 좋은 명소이다. 타패 게이트 앞에는 기념사진을 찍는 관광객과 거리공연을 하는 사람들로 늘 붐빈다. 붉은 성벽을 지나 올드시티 안으로 들어갈 때면 다른 차원으로 이동하는 것처럼 가슴이 설레올 것이다.

란나 왕국의 시가지였던 만큼 예스러운 분위기의 올드시티에는 오래된 사원과 유적이 가득하다. 사원이라는 뜻의 '왓wat'으로 시작되는 황금빛 사원 여러 곳을 산책하듯 둘러볼 수 있고, 기념품 상점부터 호텔, 맛집, 카페, 스파까지 올드시티 안에서 모두 즐길 수 있다.

올드시티 안에서는 어느 길에서든지 큰 배낭을 둘러메고 걸어가는 여행자들을 쉽게 볼 수 있다. 그들과 뒤섞여 낯선 여행지가 주는 설렘을 잔뜩 만끽해보자.

펀 포레스트 카페
Fern Forest Cafe

이른 아침 눈이 떠졌다면 치앙마이스러운 브런치를 먹으러 가자. 치앙마이스러운 것이라면 푸르른 숲과 어우러진 모든 것이 아닐까. 올드시티를 산책하듯 걷다 보면 내가 찾던 그곳을 만날 수 있다. 하루 종일 시간을 보내고 싶은 브런치 카페 펀 포레스트.
바깥 공기를 흠뻑 마시며 토스트와 햄, 오믈렛 그리고 아이스 아메리카노까지 여유롭게 즐기는 이 순간은 아주 사소하지만 소중하다. 한적하게 시간을 보내고 싶다면 사람이 붐비는 낮 시간대를 피해서 방문하는 것을 추천한다.

위치 18 793365, 98,982020
전화번호 +66 84 616 1144
운영시간 08:30~20:30
이용요금 브런치 평균 170밧 음료 평균 80밧

왓프라싱
Wat Phra Singh

올드시티를 걷다 보면 곳곳에서 사원을 만날 수 있는데 왓프라싱은 정원과 사원이 아름답게 조화를 이루어 산책하듯 사원을 둘러볼 수 있어 더 특별하다. 금박으로 아름답게 장식한 건물과 섬세한 조각들, 왓프라싱 사원은 란나 왕국의 문화를 간직한 치앙마이에서도 란나 양식의 특징이 가장 잘 드러난 사원이다. 한낮의 뜨거운 태양이 내리쬐는 금빛 지붕과 조각상이 한없이 반짝거려 화려하다. "나 태국에 왔어요!"를 가장 잘 표현할 수 있는 건 바로 이 사원 앞에서 찍는 사진 한 장이 아닐까.
사원을 천천히 거닐며 고요하고 평화로운 분위기를 즐겨 보자.

위치 18.788569, 98.981239
전화번호 +66 53 416 027
이용요금 무료

서포트 소이 14/6
Support Soi 14/6

위치 18.789522, 98.979352
전화번호 +66 86 673 7568
운영시간 11:00~23:00

올드시티 안, 여행자들이 드문 수안독 게이트 쪽에 위치한 독특한 가게. 빈티지 옷들이 마구 걸려 있어 누가 봐도 빈티지 옷가게라는 것을 알 수 있다. 가게 입구에는 수염 난 할아버지가 칵테일을 팔며 기분 좋게 인사를 먼저 건넨다. 안으로 들어서면 독특하고 희귀한 옷들이 가득하다. 화려한 하와이안 셔츠가 셀 수 없이 많지만 단 한 장도 무늬가 겹치지 않는다. 여행자 느낌을 물씬 나게 할 셔츠를 집어 들고 주인에게 너무 마음에 든다며 너스레를 떤다. 재미난 아이템이 참 많은 옷가게. 농부악 공원에서 여유를 부리다 심심해지면 들러 보길 추천한다.

local food
올드시티의 간단한 먹거리

과일 주스

치앙마이는 늘 더워서 그런지 걷다 보면 오아시스 같은 무언가가 필요하다. 그 오아시스는 바로 과일 셰이크, 혹은 과일 주스다. 태국은 과일이 너무나도 저렴하기에 과일 주스를 물처럼 마실 수 있다. 많은 종류의 과일 셰이크가 있지만 단연 최고는 갈증을 한번에 없애 주는 땡모반 수박 주스!
주스가 달면 오히려 더 갈증이 나니까 "little sugar", 혹은 "no sugar!"를 외치며 주스 만드는 걸 구경해 보자.

가격 평균 30~60밧

코코넛 주스, 코코넛 아이스크림

우리가 동남아를 떠올릴 때 자연스럽게 코코넛 야자나무를 생각하듯이 이곳 또한 코코넛의 나라다. 그렇다 보니 코코넛으로 만든 것들을 굉장히 많이 쉽게 접할 수 있다. 코코넛 그대로에 빨대를 꽂아 파는 코코넛 주스는 기본, 코코넛 아이스크림, 코코넛 케이크 등등. 처음에는 달면서도 나무껍질과 같은 향이 낯설어 코코넛이 입맛에 맞지 않는다고 생각했는데 이곳에서 지내며 점차 코코넛의 영역을 넓혀 가다 보니 어느새 내 입맛에 맞게 자리 잡았다.

가격 평균 40밧

비프누들

여행자로 붐비는 올드시티에서 뭘 먹을지 고민할 때 빠지지 않는 메뉴는 쌀국수다. 태국식 쌀국수는 고수가 가득 들은 베트남식이 아닌 고수는 적게 들어가고 진한 고기 육수로 담백한 맛이 특징이다. 한국에서 설렁탕이나 국밥의 첫술을 떴을 때 나오는 감탄사가 여기서도 나온다. 약간의 고수 향은 즐길 만하지만 그것마저 싫다면 "마이 싸이 팍치!"를 외치자.

가격 평균 40~60밧

course
하루 코스

그래프 카페 Graph Cafe
위치 18.791672, 98.991544
전화번호 +66 86 567 3330
운영시간 09:00~17:00
이용요금 음료 150밧
- 식용 숯이 들어간 모노크롬 커피가 맛있기로 유명한 카페. 독특한 커피 메뉴가 많다. 실내 공간은 협소하지만 특유의 분위기가 올드시티와 조화를 이룬다.

왓프라싱 Wat Phra Singh
위치 18.788569, 98.981239
전화번호 +66 53 416 027
이용요금 무료
- 란나의 건축 양식이 가장 잘 드러난 사원으로 정원도 아름다워 여유롭게 거닐기 좋다.

왓체디루앙 wat chedi luang
위치 18.786975, 98.986580
운영시간 08:00~17:00
이용요금 40밧
- 태국의 다른 황금빛 사원에 비해 화려함은 덜하지만 캄보디아의 앙코르와트가 떠오르는 색다른 사원이다. 90미터에 이르는 높은 탑이 있었으나 1545년 지진으로 일부가 소실되었다. 현재도 그 흔적이 남아 있어 세월의 흐름을 고스란히 느낄 수 있다.

블루 누들 Blue Noodle
위치 18.787506, 98.990192
운영시간 11:00~21:00
이용요금 국수 소 60밧, 대 80밧
- 한국인의 입맛에 딱 맞는 쌀국숫집으로 유명한 만큼 언제나 사람이 붐빈다. 저렴한 가격과 보장된 맛으로 후회 없는 선택이 될 것이다. 타패 게이트 근처에 위치하고 있으니 근처에 있다면 들러 보자.

더 로스트 북 숍 The Lost Bookshop
위치 18.785295, 98.991933
전화번호 +66 53 206 656
운영시간 09:00~20:00
- 다양한 나라의 책을 볼 수 있는 중고 서점으로 뒤적거리며 구경하기 좋다. 조용한 서점에서 잠시 쉬었다 가보자.

bucket list 3

님만해민 골목골목
숨겨진 감성 스폿 찾기

성벽으로 둘러싸인 올드시티와는 달리 직선으로 쭉 뻗은 도로와 세련된 가게들을 보면 같은 치앙마이 인가? 하는 생각이 들 정도인 님만해민. 도시의 모습과 아기자기한 마을의 모습을 함께 간직한 곳. 당신이 찾아 주길 기다리는 감성 가득한 카페와 부티크 호텔이 곳곳에 예쁘게 자리하고 있다.

자연과 예술이 사이좋게 뒤섞이는 치앙마이, 님만해민에서도 예외가 아니다. 가게 주인의 개성이 그대로 들어나는 간판과 그 자체로 테이블과 의자가 되는 나무들. 대충 세워 놓은 바이크마저 멋스럽게 느껴지는 걸 보니 아무래도 치앙마이와 사랑에 빠진 것 같다.

느지막이 일어나 요가 수업을 듣고, 가벼운 점심으로 어묵국수를 먹어 볼까. 골목을 천천히 걸으며 입가심할 카페를 찾아봐도 좋겠다. 특별하진 않아도 하루하루가 소중해지는 치앙마이의 비일상적인 일상이다.

원님만
One Nimman

님만해민을 돌아다니다 보면 시선을 끄는 광장을 발견하게 된다. 복합 쇼핑센터인 원님만에는 비슷비슷한 분위기의 카페, 티하우스, 헤어숍, 옷가게가 예쁘게 모여 있어 내가 서 있는 곳이 어디든 포토 스팟이 된다. 광장 여기저기에서 사람들이 사진 찍기 바쁜 걸 보니 원님만은 여행객뿐만 아니라 현지인에게도 핫 플레이스인 것 같다.

원님만에서는 매주 프리 워크숍도 열리곤 하는데 살사, 스윙, 요가 등 특별한 워크숍은 빼놓을 수 없는 구경거리이기도 하다.

위치 18.800063, 98.967850
운영시간 11:00~23:00

옴니아 팝업 카페
RK cafe by Omnia

느지막이 나와 국수를 먹고 숙소로 돌아가던 중 꽤 이상한 곳을 발견했다. 카페일까? 하지만 테이블도 제대로 없고 미니트럭만 덩그러니 존재감을 드러낸다. 천장에 걸린 현수막에는 'cycle party'라고 적혀 있어 도통 카페라고 확신할 수 없다. 앞에서 머뭇머뭇거리니 주인이 들어오라는 눈짓을 보낸다. 그렇게 용기 내어 들어간 곳은 옴니아 팝업 카페. 치앙마이의 유명한 카페 '옴니아'에서 팝업스토어처럼 이곳을 운영하고 있었다. 안으로 깊숙이 들어가면 카페와 관련이 없는 편집숍이 나오기도 한다.

출입문도 없이 탁 트인 카페의 캠핑 의자에 앉아 70밧짜리 시그니처 커피를 마시며 여유를 즐길 수 있다면 님만해민에 제대로 스며든 것이다. 님만해민의 숨겨진 감성 스팟을 찾고 싶다면 이 카페를 중심으로 돌아다녀 보자. 한눈에 마음에 들 아기자기한 가게들이 옹기종기 모여 있다.

위치 18.796791, 98.968405
전화번호 +66 89 999 4440
운영시간 09:00~17:00
이용요금 커피 평균 70밧

Looking around

러스틱 앤 블루
Rustic and Blue The Farm Shop

님만해민에서 가장 맛있는 브런치 카페 러스틱 앤 블루. 야외에서 햇살을 맘껏 만끽하며 먹는 브런치는 언제 어디서나 옳다. 여행자의 특권은 정오가 가까운 시간, 해가 점점 높이 떠올라도 아무 걱정 없이 느긋하게 식사를 즐길 수 있다는 게 아닐까. 빈티지한 인테리어와 저마다 다른 모양의 의자들, 테라스 한가운데를 차지한 커다란 나무, 공기는 맑고 새의 지저귐도 아름답기만 하다. 이곳에서는 꼭 야외 테이블에 앉아 보자.

러스틱 앤 블루의 인기 메뉴인 '에그베네딕트'를 내 취향대로 주문하고 천천히 맛을 즐긴다. 옆에 책 한 권이 없는 것이 무척 아쉽게 느껴진다. 따뜻한 글귀와 함께였다면 분명 이곳의 공기가 더욱 짙게 기억에 남았을 텐데.

위치 18.798176, 98.967477
전화번호 +66 53 216 420
운영시간 08:00~22:00
이용요금 브런치 평균 230밧 커피 평균 85밧

플로어 플로어 슬라이스
Flour Flour Slice

일본풍의 2층 건물이 목가적인 분위기를 풍기는 이곳은 자꾸만 카메라를 들게 되는 브런치 카페다. 가게는 두세 팀이면 꽉 찰 정도로 작은 편이지만 그래서 더 정겨운지도 모른다. 카페 구석구석 치앙마이와 일본의 감성이 오묘하게 섞여 자꾸만 눈길이 간다. 두리번거릴 때마다 가게 주인과 눈이 마주치는 건 카페가 작은 탓이겠지. 괜히 부끄러워 시선을 줬다가 피했다가 하곤 한다. 아기자기한 치앙마이의 매력을 느끼고 싶다면 꼭 수줍게 플로어 플로어의 문을 열어 보자.
이곳의 메뉴는 베이컨이 빠지지 않는 잉글리시 브랙퍼스트가 아닌 여러가지 토핑을 올린 프렌치토스트로 더 가볍게 즐길 수 있다. 태국 원두를 쓴 아이스 아메리카노와 다양한 토스트는 언제든 맛있게 먹을 수 있을 것 같다.

위치 18.794869, 98.968883
전화번호 +66 92 916 4166
운영시간 08:30~16:00 화요일 휴무
이용요금 토스트 평균 150밧

course
하루 코스

러스틱 앤 블루 Rustic and Blue The Farm Shop
위치 18.798176, 98.967477
전화번호 +66 53 216 420
운영시간 08:00~22:00
이용요금 브런치 평균 230밧 커피 평균 85밧
- 님만해민에서 브런치가 가장 맛있기로 소문난 카페. 꼭 낮에 방문해 야외에서 햇살을 만끽하며 점심을 먹어 보자.

란라오 ranlao Bookshop
위치 18.799429, 98.967115
전화번호 +66 53 214 888
운영시간 10:00~22:00
- 님만해민에서 만날 수 있는 작은 동네 책방. 태국 도서가 대부분이지만 다양한 소품이 함께 자리하고 있어 보는 재미가 쏠쏠하다.

원님만 One Nimman
위치 18.800063, 98.967850
운영시간 11:00~23:00
- 복합 쇼핑센터로 이것저것 쇼핑하기도 좋을 뿐만 아니라 광장에서 사진을 찍기에도 좋다. 예쁜 외관 덕분에 어디에 서든 포토 스폿이 된다.

청도이 로스트 치킨 Cheong Doi Roast Chicken
위치 18.799187, 98.966098
운영시간 11:00~22:00 월요일 휴무
- 닭구이 까이양이 맛있는 식당. 옥수수 솜땀과 파파야 튀김도 실패하지 않는 메뉴이니 같이 곁들이면 좋다.

바라리 스파 Varalee Spa
위치 18.795055, 98.971678
전화번호 +66 84 503 0555
운영시간 10:00~24:00
이용요금 타이 마사지 1시간 250밧
- 좋은 서비스를 저렴한 가격에 이용하고 싶다면 이곳을 찾자. 아는 사람들만 아는 마사지숍으로 1일 1마사지를 부담 없이 즐길 수 있다.

bucket list 4

잔잔하고 고요한 호수를 바라보며
사색에 잠기기

이상하게도 잔잔하게 일렁이는 고요한 호수를 바라보고 있으면 내 마음도 같이 일렁인다. 어떤 날에는 크게 위로가 되기도 하고, 어떤 날에는 숨겨 놓았던 감정들이 튀어나와 머릿속을 뒤집어 놓는다. 여행은 시시때때로 변하는 내 감정에 솔직해질 수 있는 시간이니까. 나는 호수를 바라보며 가끔 사색을 즐기는 그런 여행이 좋다.

높은 산들로 둘러싸인 치앙마이에는 바다가 없는 대신 마음 놓고 쉴 수 있는 호수가 몇 군데 있는데 호수마다 물빛이 다르고 풍경이 새롭다. 빠듯할 것 없는 치앙마이 여행이지만 하루쯤은 더 느긋하게 느릿하게 보내 보는 것은 어떨까. 이렇게 평화로운 시간을 가질 수 있어 감사하며.

앙깨우 호수
Ang Kaew Reservoir

치앙마이에는 여행객들이 쉽게 갈 수 있는 호수 두 개가 있는데 하나가 치앙마이대학교 안에 있다. 하지만 가는 방법이 자유롭지 못해서 아쉬운 곳이기도 하다. 앙깨우 호수는 대학 안에 있다고 믿겨지지 않을 정도로 크고 고요한 풍경을 자랑한다. 호수를 볼 수 있는 시간은 10분이지만 호수를 배경으로 사진을 찍고, 벤치에도 잠깐 앉아 보기에는 부족함이 없다.

위치 18.805206, 98.949567
전화번호 +66 53 941 000
운영시간 05:00~22:00
이용요금 대학 투어 60밧

> **tip** 앙깨우 호수는 치앙마이대학교 정문으로 들어와 'visit cmu'라고 적힌 표지판을 따라 가 인포메이션에서 투어를 신청해야 구경할 수 있다. 또는 우버를 타고 호수에 내려 호수만 구경하는 방법도 있다.

위치 18.795080, 98.963077
전화번호 +66 91 076 7600
운영시간 08:00~19:00
이용요금 음료 55밧

테이스티 카페
Taste Cafe

치앙마이대학교 근처에 위치한 조용하고 미니멀한 카페. 대학 근처다 보니 노트북을 들고 찾는 사람이 많다. 조용히 얘기를 나누거나 각자 할 일을 하고 있는 사람들을 보면 잠시 여행 중인 것을 잊고 그들의 일상 속으로 빠지게 된다. 고소한 노 슈가 라테가 유명하니 캠퍼스 투어를 한 뒤 마시면 좋다.

위치 18.866680, 98.941038
전화번호 +66 53 121 119
운영시간 08:00~18:00
이용요금 입장료 50밧 방갈로 20밧

> tip
> 후웨이 통 타오 호수는 치앙마이 시내와 10킬로미터 이상 떨어진 곳에 위치해 거리가 멀지만, 우버를 이용하면 30분 정도 소요된다.

후웨이 통 타오 호수
Huay Tung Tao Lake

치앙마이 특유의 여유로운 분위기와 호수를 좋아하는 당신이 꼭 들러야 하는 곳. 신선놀음이란 바로 이런 거겠지? 입장료와 방갈로를 더해도 단돈 70밧. 방갈로에 누워 좋아하는 음악을 틀어 놓고 음식도 맘껏 시켜 보자. 유원지라 음식도 꽤 비쌀 것 같지만 일반 음식점이랑 큰 차이가 나지 않는다. 먹고 싶었던 태국 음식과 맥주, 얼음까지. 여행 속 여행처럼 즐거운 한때를 보낼 수 있다. 하루 종일 뒹굴며 낮잠도 자고 노을까지 보고 오면 어떨까.

농부악 시티 공원
Nong Buak Hard Public Park

올드시티 남쪽에 위치한 수안 푸룽 게이트에서 도보로 3분 정도 걸으면 도착할 수 있는 공원. 널찍한 공원에는 호수보다는 작지만 아름다운 연못과 정자가 있다. 아침이면 연못 앞에서 프리 요가 클래스가 열리고, 낮에는 돗자리에 드러누워 태닝하는 사람들이 곳곳에 보인다. 꼭 무언가를 하지 않아도 그들을 구경하는 것만으로도 쏠쏠한 재미가 있다.

위치 18.782077, 98.979381
운영시간 06:00~21:00

새파란 하늘에 귀엽게 뜬 구름들, 공원의 잔디, 나무가 물에 비쳐 초록 빛으로 빛나는 연못. 치앙마이가 매력적인 이유는 주어진 자연 안에서 조화롭게 살아가기 때문이 아닐까. 바쁘지 않은 사람들, 행복한 표정이 가득한 그들을 보는 것만으로도 순간순간이 충만해진다.

course
하루 코스

후웨이 통 타오 호수 Huay Tung Tao Lake
위치 18.866680, 98.941038
전화번호 +66 53 121 119
운영시간 08:00~18:00
이용요금 입장료 50밧 방갈로 20밧
- 치앙마이 시내에서는 조금 먼 거리에 위치해 있지만, 반나절쯤 시간을 내 여유롭게 쉬고 오기 좋다.

레스토랑 6 Restaurant #6
위치 18.868013, 98.942495
전화번호 +66 81 724 7283
운영시간 08:30~18:00
이용요금 음식 평균 100밧
- 방갈로에 앉아 후웨이 통 타오 호수를 바라보며 맛있는 식사를 할 수 있다.

카페 드 오아시스 Cafe de Oasis
위치 18.824880, 98.959636
전화번호 +66 53 920 191
운영시간 08:00~17:00
이용요금 음료 평균 80밧
- 치앙마이 외곽에 있지만 한 번은 들러볼 만한 카페. 유적지처럼 멋스러운 외관과 자연과 조화를 이룬 건물이 시선을 끈다. 단, 늦게까지 운영하지는 않으므로 낮 시간에 방문하는 게 좋다.

마린 플라자 Malin Plaza
위치 18.808205, 98.956322
전화번호 +66 84 650 8999
운영시간 10:00~23:00
- 치앙마이 대학교 정문 앞 작은 야시장으로 소소한 구경거리와 군것질거리가 있다.

쿤모 퀴진 Khunmor Cuisine
위치 18.795238, 98.966797
전화번호 +66 53 226 379
운영시간 10:00~22:00
- 치앙마이를 대표하는 레스토랑 중 하나로 태국의 전통 음식을 다양하게 맛볼 수 있다. 그중에서도 특히 카레 소스에 게를 볶은 뿌팟퐁커리와 카레 국수인 카오소이가 맛있다.

bucket list 5

삥강에서 붉게 지는
노을 바라보기

언제부턴가 여행을 하면 노을을 꼭 챙겨 보기 시작했다. 바쁜 일상 속에서는 하늘을 볼 시간이 나지 않고, 건물 숲에 가려 해가 어디로 지는지도 알 수 없는 날이 대부분이기 때문이다. 그러니 여행 중일 땐 더더욱 노을을 챙겨 봐야겠다는 다짐을 하게 된다.
삥강은 아름다운 노을을 보기에 가장 좋은 곳이다. 도심에 흐르는 강이지만 높은 건물에 가린 노을이 아닌 탁 트인 하늘에서 서서히 저무는 해의 모습을 바라볼 수 있다. 치앙마이 북쪽에 위치한 치앙다오에서부터 시작된 삥강의 물줄기는 무려 방콕의 차오프라야 강까지 흐르니 결코 작은 강도 아닌 셈. 강가에는 분위기 좋은 레스토랑과 카페가 즐비하니 시간만 잘 맞추어 간다면 어디서든 충만한 노을을 감상할 수 있다. 노을빛으로 붉게 물든 강을 보며 오늘도 하루를 잘 마무리했다는 안도의 숨을 내쉬어 본다.

위치 18.800336, 99.003347

라타나코신 다리
Ratanakosin Bridge

올드시티에서 하루 동안 자전거를 빌리고 이곳저곳을 누비면 어떨까. 저녁에는 노을을 보기 위해 삥강으로 달려가 보자. 차가 드물게 다니고 혼자 충분히 사색할 수 있는 나른한 곳, 나만 알고 싶은 '라타나코신 다리'. 나루터에 앉아 맞이하는 노을이라니. 강 건너에 집들이 있어 수평선이 보이지는 않지만 저무는 해와 붉게 물드는 강을 보는 것만으로도 완벽한 순간이다. 나도 모르는 사이에 분위기에 빠져들었는걸.

tip 올드시티의 타패 게이트 근처의 삥강에 다다르면 강변으로 내려가 쭉 북쪽으로 올라가면 된다. 타패 게이트에서 약 2킬로미터 거리에 위치해 있어 어렵지 않게 다녀올 수 있다.

tip 치앙마이 구석구석을 자전거로 돌아보고 싶다면 올드시티의 자전거 렌탈숍에서 대여할 수 있다. 더 편리한 방법은 바로 '모바이크Mobike'다. 서울시의 '따릉이'와 비슷한 공공자전거로 '모바이크' 앱을 다운 받으면 내 위치에서 가까운 모바이크 자전거의 위치를 알려 준다. 자전거를 찾아가서 자전거에 있는 QR코드를 앱으로 찍으면 잠금장치가 풀린다. 이동한 거리만큼 등록된 카드로 결제되며, 가장 좋은 점은 자전거의 잠금장치를 제대로 잠갔다면 그 자리에 반납하지 않고 아무데나 두어도 된다는 것! 치앙마이 곳곳에 주황색 자전거 모바이크가 많이 있으니 애용해 보자.

레지나 가든
Regina Garden

뼁강 주변에 위치한 골동품 상점 같기도 카페 같기도 한 곳. 목조 건물 특유의 낡고 오래된, 고양이가 반겨 주는 실내로 들어가 보자. 빼곡히 자리한 빈티지한 소품 중에는 고양이를 테마로 한 귀여운 소품도 여럿 있다. 가게 안으로 좀 더 들어가 보니 뼁강을 바라보며 식사를 즐길 수 있는 야외 테이블이 나온다. 안으로 조금씩 더 들어갈 때마다 나니아 연대기의 옷장처럼 달라지는 분위기에 저절로 마음이 들뜬다. 이처럼 레지나는 빈티지 소품 가게면서 카페 겸 레스토랑으로 한 공간에서 다양한 활동을 할 수 있다. 주인이 직접 수집한 소품들도 잔뜩 구경하고 뼁강을 바라보며 시원한 맥주도 한잔해 보는 건 어떨까.

위치 18.791640, 99.002623
전화번호 +66 53 262 882
운영시간 10:30~22:30
이용요금 음료 평균 70밧

엣 쿠아렉 카페 앤 레스토랑
At Khualek Cafe & Restaurant

어디서든 사랑스러운 연인들을 볼 수 있는, 뼁강에서 가장 낭만적인 노천 식당. 물론 연인들만 오는 곳은 아니다. 가족이나 친구 또는 혼자 와도 얼마든지 낭만을 느낄 수 있다. 해가 완전히 저물고 어둠이 찾아오면 줄 전구에 하나둘 불이 들어오고 직원들이 바삐 움직이기 시작한다. 태국식 볶음밥 카오팟도 맛있고, 오렌지 주스는 마른 목을 축이기에 충분하다. 인기 메뉴에는 따로 표시가 되어 있어 누구든 실패 없이 음식을 주문할 수 있다. 더운 공기마저 로맨틱하게 바꿔 주는 이곳에서 낭만 가득한 시간을 보내 보자.

위치 18.783287, 99.005218
전화번호 +66 99 269 2623
운영시간 08:00~23:00
이용요금 음료 평균 60밧

course
하루 코스

포레스트 베이크 Forest Bake
위치 18.792262, 99.004886
전화번호 +66 91 928 8436
운영시간 10:30~17:00 수요일 휴무
- 귀여운 숲속 마을을 떠올리게 하는 작은 빵집. 다양한 빵들이 정성스럽게 진열되어 있어 식욕을 자극한다. 예쁜 매장 분위기 덕에 빵을 고르기 전에 사진부터 찍게 될 것이다.

힌레이 커리 Hinlay Curry House
위치 18.792249, 99.004713
전화번호 +66 53 242 621
운영시간 08:30~17:00 수요일 휴무
- 포레스트에서 주문한 빵을 가져가서 먹을 수 있다.

숍 모에이 아츠 Sop Moei Arts
위치 18.792833, 99.002118
전화번호 +66 53 306 123
운영시간 10:00~18:00 토요일 12:00~16:00
- 직접 직조한 천으로 만든 소품을 파는 곳으로 다른 가게보다 질이 좋다.

레지나 가든 Regina Garden
위치 18.791640, 99.002623
전화번호 +66 53 262 882
운영시간 10:30~22:30
이용요금 음료 평균 70밧
- 예스러운 분위기의 건물로 삥강의 경치를 즐기기 좋은 곳. 빈티지 소품, 카페, 레스토랑을 한 곳에서 만날 수 있다. 뿐만 아니라 레지나에 머무는 사랑스러운 고양이들 덕분에 즐거움은 두 배가 될 것이다.

아이언 브리지 Iron Bridge
위치 18.784005, 99.004556
- 삥강을 건널 수 있는 철교로 낮보다는 밤에 보는 것이 아름답다. 해가 완전히 저물고 다리에 색색의 불이 들어오면 평범했던 다리가 낭만적인 공간으로 변한다. 그 분위기에 취해 너도나도 다리를 찾기 시작한다. 산책하듯 건널 수 있으니 근처라면 방문해 보자.

더 굿 뷰 The Good View
위치 18.7904, 99.00371
전화번호 +66 53 241 866
운영시간 10:00~01:00
이용요금 음식 평균 200밧
- 강가에 위치한 바 겸 레스토랑으로 식사를 하면서 라이브 공연을 감상할 수 있다. 특히 이곳에서 바라보는 삥강의 야경이 아름다우니 저녁 시간에 맞춰 가는 것이 좋다.

Looking around

Staying _____
_____ overnight

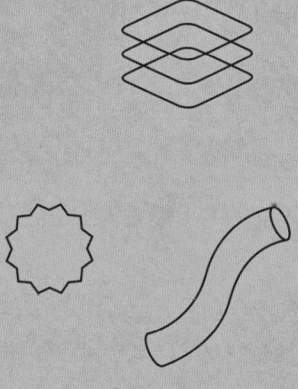

bucket list **6**

한적한 풍경을 간직한 항동에서
여유 만끽하기

치앙마이 시내에서 차를 타고 30분 정도 달리면 도착하는 항동. 조금 혼잡한 치앙마이 시내와는 달리 큼직큼직한 고급 주택들이 모여 있는 마을이다. 그만큼 사람도 많지 않아 한적하게 산책하기에 이만한 동네가 없다. 항동에서는 정말 아무것도 하지 않아도 괜찮다. 완벽히 마음을 내려놓고 내 시간을 온전히 누려 보자. 마을 고양이들과 놀아 주기, 한가득 사 놓은 과일 까먹기, 수영장 선 베드에서 일광욕하기, 푹신한 침대에 누워 책 보기. 쫓기듯 살던 일상에서 바라던 꿈같은 순간들이 아닐까.

호시하나 빌리지
Hoshihana Village

낮은 수심이 인상적인 수영장과 아기자기한 숙소는 숲속의 작은 집을 떠오르게 한다. 일본인이 운영하는 숙소라 치앙마이와 일본의 감성을 두루 느낄 수 있다. 일본 영화 〈수영장〉의 배경이기도 하고 HIV에 걸린 아이들을 후원하기도 하는 이곳은 여러모로 의미 있는 공간이다.

위치 18.692465, 98.890771
전화번호 +66 063 158 4126
이용요금 1,500~6,000밧

 당일 숙박은 불가능하니 꼭 홈페이지 www.hoshihana-village.org에서 미리 예약해야 한다.

숙소 안으로 들어가면 나무로 만든 가구와 소품들이 마음을 편안하게 한다. 침대는 작지만 푹신해 금방이라도 잠에 빠져들 것 같다. 창문으로 노란 햇빛이 깊게 들어오고 조용한 설렘이 인다. 항동에서의 짧은 여행은 여기가 다했다고 해도 될 정도다. 좋아하는 노래를 틀어 놓고, 책을 펼쳐 보기도 하며 한없이 차분하게 하는 이 공간과 어울리게 차도 한잔 우려 마신다.

적당히 따뜻한 햇볕을 쬐며 동네를 거닐다가 해가 지면 미뤄 두었던 영화를 보고, 전날 미리 신청한 태국향 짙게 나는 저녁밥을 먹고, 맥주 한 캔으로 마무리해 본다. 이런 하루를 보내도 게으르다고 말하는 사람이 아무도 없다. 이 마을에서는 모두들 그러고 있으니까. 바로 여기가 지상낙원인가 봐.

호시하나의 저녁
Dinner at Hoshihana Village

호시나하나 근처에는 그저 한적한 마을길이 전부라 마땅히 밥 먹을 곳이 없기 때문에 홈페이지에서 미리 식사를 신청하면 저녁에 숙소까지 직접 배달해 준다. 룸서비스와 비슷하다. 어디를 나가지 않고도 소소하고 맛있는 저녁을 즐길 수 있으니 어느 때보다 더 행복한 저녁 시간이 아닐 수 없다.
오늘 하루는 항동 시장에서 사온 과일을 먹으며 입안도 마음도 달달하게 마무리해 볼까.

tip 숙박할 예정이라면 호시하나 빌리지 홈페이지에서 식사를 신청하거나 먹거리를 챙겨 가자. 또는 호시하나 빌리지에서 매일 운행하는 셔틀 차를 타고 시장에서 장을 봐 오는 방법도 있다.

항동 마을 시장
Hang Dong District Municipal Food Market

위치 18.689447, 98.921129
전화번호 +66 81 891 4455
운영시간 06:00~22:00

항동에는 작은 규모의 마을 시장이 있다. 마침 숙소에 군것질거리도 떨어져 가고 마을 구경도 할 겸 숙소 프런트에서 항동 시장으로 가는 성태우를 예약했다. 귀여운 하늘색 성태우를 타고 항동 시장으로 향하는 길, 시내에서 조금 외곽으로 나왔을 뿐인데 관광객은 거의 보이지 않고 현지인이 대부분이다. 시장에는 망고와 딸기, 수박, 바나나 등 갖가지 과일을 살 수 있고 족발 덮밥 카오카무, 솜땀 등 다양한 태국 음식도 맛볼 수 있다. 작지만 있을 건 다 있는 항동 시장, 양손 가득 주렁주렁 과일과 음식을 사고 기분 좋게 성태우에 올라타 보자.

course
하루 코스

○— 호시하나 빌리지 Hoshihana Village

위치 18.692465, 98.890771
전화번호 +66 063 158 4126
이용요금 1,500~6,000밧
◦ 일본인이 운영하는 숙소로 치앙마이와 일본의 감성이 모두 담겨 반듯하고도 정갈한 인테리어가 눈에 띈다. 한적한 항동에 위치한 만큼 조용하게 머물다 가기 좋다.

치앙마이 그랜드캐니언 Chiang Mai Grand —○
Canyon

위치 18.696006, 98.892088
전화번호 +66 90 893 9858
운영시간 09:00~19:00
이용요금 100밧
◦ 더위를 식히기 위한 최적의 장소. 워터파크가 함께 있어 다이빙뿐만 아니라 다양한 액티비티를 즐길 수 있다.

○— 뚜앙 똥 캐니언 뷰 Tuang Thong Canyon View

위치 18.699992, 98.892111
전화번호 +66 81 960 4087
운영시간 11:00~22:00
이용요금 음식 119~159밧
◦ 그랜드 캐니언의 풍경을 바라보며 식사할 수 있는 곳으로 부담 없이 평화로운 시간을 보내기에 좋다.

푸핀 도이 Phufinn Doi ————————○

위치 18.695508, 98.880111
전화번호 +66 80 220 9660
운영시간 08:30 ~ 18:00
이용요금 음식 79~159밧
◦ 찾아가는 길은 조금 어려울 수 있지만, 도착한 뒤에는 모든 것이 용서되는 곳. 높은 곳에서 내려다보는 탁 트인 항동의 전망만으로도 금세 기분이 행복해진다. 힘들게 온 만큼 시원한 음료를 주문해 보자.

bucket list 7

여행자들의 안식처 빠이에서
히피처럼 살아 보기

치앙마이에서 미니 밴을 타고 700여개의 구불구불한 커브를 지나면 산속의 비밀스러운 마을처럼 빠이가 모습을 드러낸다. 배낭 여행객들의 천국 빠이. 언제나 푸릇푸릇한 곳이자 백팩커들의 발걸음이 끊이지 않는 곳. 모든 것들이 자연과 맞닿아 있는 이곳의 일상은 참으로 단순하지만 각지에서 몰려온 여행자들 덕분에 머무는 내내 기분 좋은 설렘이 함께한다.

치앙마이처럼 오토바이나 차가 많이 다니지 않아서 스쿠터를 타고 동네를 산책하기도 좋고, 떠들썩한 야시장에서 자유롭게 돌아다니며 새로운 만남을 기대하기도 좋다. 치앙마이와는 또 다른 일상이 시작되는 빠이. 미리 두근거려도 괜찮다.

싸이응암 온천
Sai Ngam Hot Spring

빠이에는 자그마한 온천이 몇 개 있는데, 그중에서도 여행객들에게 사랑받는 온천이 바로 이곳이다. 우리가 생각하는 온천처럼 수온이 높지는 않지만 적당히 따뜻하고 물이 맑고 깨끗해 온천을 즐기기에는 충분하다. 아침 일찍 가면 사람이 적어 더 여유롭게 시간을 보낼 수 있다. 탈의실도 구비되어 있으니 마음껏 피로를 풀고 오자.

tip 가는 길이 조금은 멀고 험난하니 조심하자. 온천을 다 이용하고 돌아올 때는 감기에 걸리지 않게 겉옷이나 담요, 수건 등을 챙겨 가면 좋다.

위치 19.459094, 98.379943
운영시간 08:00~18:00
이용요금 입장료 200밧 스쿠터 입장료 20밧

빠이 핫스프링 스파 리조트
Pai Hot Spring Spa Resort

멋진 풍경과 좋은 시설, 두 가지를 모두 갖춘 스파 리조트. 태국의 무더위에 시원한 물에서 수영하고 싶다는 생각이 간절하게 든다면 이곳을 찾자. 빠이 중심부와는 조금 떨어져 있어 스쿠터를 타고 가야 하지만, 고요한 산속에서 물놀이를 할 수 있다면 이 정도쯤이야 아무 문제가 되지 않을 것이다. 자연 속에 푹 파묻힌 듯한 리조트, 곳곳에 마련된 온천과 수영장부터 사랑스러운 오두막까지. 하루 종일 머물러도 좋을 것.

위치 19.308489, 98.461144
전화번호 +66 53 065 748
운영시간 08:00~19:00
이용요금 입장료 100밧

빠이 캐니언
Pai Canyon

빠이에서 일몰을 보고 싶다고 하면 모두가 외치는 장소가 있다. 바로 빠이 캐니언. 오후 4시가 되면 빠이에 머무는 여행객들이 약속이라도 한 듯 노을을 보러 이곳으로 모이는 모습을 볼 수 있다. 산속이라 해가 밑으로 떨어지는 건 보기 힘들지만, 해가 저물며 내뿜는 노란 햇빛이 빠이 캐니언과 완벽하게 맞아떨어져 모든 풍경이 황홀하기만 하다. 빠이에 왔다면 꼭 한 번은 절벽에 앉아 황토색 절벽에 물들어가는 노르스름한 햇빛을 담아 보자.

위치 19.306134, 98.452508
전화번호 +66 86 113 7373

> **tip** 아름다운 경치에 빠지는 건 좋지만 안전에 소홀하면 위험하다. 빠이 캐니언은 가파른 절벽이고 길이 울퉁불퉁하니 걸을 때 항상 조심해야 한다.

위치 19.352564, 98.449459
전화번호 +66 85 247 6707
이용요금 도미토리 200밧 더블룸 400밧

부짜스 백팩커스
Buzza's Backpacker Resort

스쿠터를 타고 다녀야 하는 거리의 백팩커스이지만, 오히려 그게 장점이 되는 곳. 3인실 도미토리 호스텔로 6인실, 8인실 호스텔보다 더 쾌적하게 이용할 수 있다. 부짜스에 오면 꼭 프런트 옆에 있는 오두막에 들러 보자. 오두막 난간마다 해먹이 설치되어 있어 반대편의 논밭을 보며 사색에 잠기기도 하고, 맥주 한 캔을 마시며 누워 있을 수도 있다. 혼자 시간을 보내다 보면 오고가는 외국인 친구와도 자연스레 이야기를 나누게 된다. 함께 평화로운 일상을 공유하다가 시원한 맥주를 같이 마셔도 좋을 것이다. 이런 게 호스텔의 소소한 즐거움이 아닐까.

카페 드 빠이
Cafe de Pai

위치 19.358846, 98.443557
전화번호 +66 88 407 8593
이용요금 음료 평균 60밧 음식 평균 150밧

빠이 메인 스트리트에 위치한 브런치 카페. 늦은 점심을 먹으러 가면 늘 1층에 사람이 붐비기에 자리가 없냐고 물어보니 2층에 자리가 있다고 한다. 계단을 조금 올라갔는데, 아니 이렇게 동화 속 같은 공간이 있다니! 비밀스런 창고 같았던 1층과는 완전히 분위기가 다른 작은 다락방이 나왔다. 햇살 가득 들어오는 창가에 앉아 여행객들이 지나다니는 걸 구경하며 먹는 브런치란 정말…. 지금만큼은 어떤 순간과도 바꾸고 싶지 않은 기분이다. 마음까지 햇살이 차고 넘치는 시간.

course
하루 코스

아트 인 짜이 Art in Chai
위치 19.358291, 98.441737
전화번호 +66 87 178 7742
운영시간 09:00~23:00
이용요금 짜이 45밧 스무디볼 100밧
- 히피스러운 분위기의 조용하고 여유로운 카페로 책 읽기 좋은 곳이다.

싸이응암 온천 Sai Ngam hot spring
위치 19.459094, 98.379943
운영시간 08:00~18:00
이용요금 입장료 200밧 스쿠터 입장료 20밧
- 빠이의 자그마한 온천 중 하나로 산속에 있어 가는 길은 조금 험난하지만, 경치가 좋고 물이 맑고 깨끗해 기분 좋게 피로를 풀고 올 수 있다.

버거 퀸 Burger Queen
위치 19.357692, 98.444435
전화번호 +86 951 5280
운영시간 13:00~22:00
이용요금 수제버거 평균 100밧
- 빠이에서 가장 맛있는 수제버거 가게. 특히 바로 튀겨 주는 감자튀김이 일품이며 치앙마이보다 가격이 저렴한 편이다.

빠이 여행자 거리 Pai Walking Street
위치 19.358884, 98.443791
운영시간 18:30~23:00
- 자유로운 분위기의 야시장으로 다양한 먹거리를 즐길 수 있다.

옐로우 선 Yellow Sun
위치 19.357733, 98.444329
전화번호 +66 84 992 8765
운영시간 13:00~24:00
- 라이브 공연을 감상할 수 있는 바. 오후 6시부터 10시까지는 해피 아워로 이 시간에 맞추어 방문해 음료 2잔을 주문하면 1잔을 추가로 제공받을 수 있다. 밤이 깊어지면 클럽으로 변하니 취향에 따라 찾아가면 좋다.

돈 크라이 Don't Cry
위치 19.355885, 98.445525
전화번호 +66 90 891 4042
운영시간 18:00~02:00
- 빠이의 밤을 제대로 즐길 수 있는 클럽으로 밤 12시가 넘으면 사람들이 하나둘 모여들기 시작한다. 처음 보는 사람과도 어색함 없이 친구가 될 수 있는 곳.

Staying overnight

bucket list 8

감성적인 숙소에서
온전히 혼자만의 시간 보내기

치앙마이를 마음 깊숙이 느끼고 싶다면 현지인이 사는 집에서 지내보는 것은 어떨까? 커튼 밑으로 살며시 들어오는 바람과 날이 밝았다고 알려 주는 새들의 짹짹거리는 소리, 힘차게 문을 열면 보이는 푸른 풍경은 무척 감격스럽다.

파리를 쫓으며 가게를 지키는 현지인들 옆으로 산책하는 내 모습이 마치 이곳에 사는 사람처럼 느껴진다. 그럴 때면 만족스러운 기분에 고개가 절로 끄덕여진다.

여행지에서 지내는 동안 나만의 익숙한 거리, 장소, 음식, 풍경을 차곡차곡 담는다면 그것만으로도 살아 보았다고 말해도 괜찮을 것 같다. 잠깐 머물다 가도 뭐 어떤가. 초록 식물과 따스한 햇빛 그리고 단출하지만 부족함 없는 집에서 보낸 시간은 오래오래 기억 속에 남는다. 긴 여행이든 짧은 여행이든 꼭 하루쯤은 나만의 공간을 위해 투자해 보자. 또 다른 설렘으로 다가올 것이다.

럭룹 크래프트 코티지
Norn-Oon LuckLub Crafted Cottage

예술가들의 마을 반캉왓 안 핸드메이드 예술품을 파는 가게 2층에 위치한 나무집. 현지인이 운영하는 에어비앤비(호스트 : Waranya&Nattawut)로 혼자 지내기에 부족함이 없고 둘이어도 적당하다. 반캉왓에서 마켓이 열리기 전날 미리 와 짐을 풀고 고요하고도 적막한 밤을 보내고 나면, 어느새 플리마켓으로 활기 찬 아침이 시작된다. 그 풍경을 2층 나무 발코니에서 볼 수 있는 게 이 집의 큰 매력이다. 이곳에 머문다면 플리마켓을 바로 구경하러 나가기보다 발코니에서 느긋하게 차를 마시고 나서 살짝 한산해졌을 때 내려가 보자. 현지인처럼 천천히 둘러보는 여유를 누릴 수 있다. 조급하지 않은 마음으로 한 발작 내디딜 때면 분명 이곳에 살고 있는 것처럼 느껴질 것이다.

위치 18.776569, 98.948429
이용요금 1,799밧

내 취향이 가득 담긴 카페를 찾았을 때처럼 마음에 쏙 드는 숙소를 찾으면 미지의 세계를 발견한 듯 짜릿한 기분이 든다. 침대 옆에 난 커다란 창, 시끄러운 알람 대신 새 지저귀는 소리로 시작하는 하루. 이런 하루는 선물을 받은 것처럼 소중하다. 자고 싶은 곳에서 자고 일어났을 뿐인데 아침이 개운하고 가뿐하다. 편안하고 알맞은 잠자리여서 그랬는지 모르겠다.

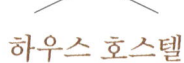

하우스 호스텔
Haus Hostel

오래된 건물을 개조해 푸름푸름 초록이 가득한 호스텔로 재탄생한 곳. 호스텔이기 때문에 온전히 혼자만의 시간을 보낼 수는 없지만, 새로운 친구를 사귀기는 어느 때보다 쉽다. 로비가 전부 유리창으로 되어 있어 햇빛이 드는 낮에는 굳이 밖에 나가지 않아도 따스한 기운을 느낄 수 있고, 한가롭게 시간을 보내며 머무르기 좋다. 6인실, 4인실 도미토리를 기본으로 하지만, 침대마다 커튼과 독서등이 있어 개인적인 공간도 보장되고 친절한 스탭들 덕분에 불편함 없이 지낼 수 있다.
깔끔하고 분위기 좋고 가격까지 저렴한 이곳에서 활기찬 기운을 얻어가는 것은 어떨까.

위치 18.779270, 98.990332
전화번호 +66 61 481 0040
이용요금 300~350밧

더 래버러토리
The Laboratory

이름처럼 실험실을 컨셉으로 한 호스텔. '실험실처럼 괴상망측하면 어떡하지?' 하는 걱정은 넣어 두어도 좋다. 숙소에 도착해 문을 여는 순간 길쭉한 화분과 온실을 떠오르게 하는 독특하면서도 따뜻한 공간이 반겨 주니까 말이다. 호스텔 로비에서는 카페를 같이 운영해 낮 시간에는 사람들이 사진을 찍으며 놀기도 하고 저녁에는 밴드가 와서 공연을 하기도 한다. 1층은 두미토리, 2층은 더블룸으로 되어 있는데 이 숙소의 진가는 2층 더블룸에서 맛볼 수 있다. 무엇이든 상상이 가능한 방, 옆방 사람의 안부가 괜히 궁금해지고 혼자 방 안에 있어도 설렘이 가득하다.

위치 18.796973, 98.970711
전화번호 +66 63 361 4426
이용요금 더블룸 1690밧

course
하루 코스

더 래버러토리 The Laboratory
위치 18.796973, 98.970711
전화번호 +66 63 361 4426
이용요금 더블룸 1690밧
- 실험실을 컨셉으로 한 호스텔로 로비에서는 카페를 운영하고 저녁에는 밴드가 와서 공연을 하기도 한다. 도무지 일반적인 숙소 같지는 않은 게 이곳의 매력이다.

프리 버드 카페 Free Bird Cafe
위치 18.794132, 98.972173
전화번호 +66 81 028 5383
운영시간 09:00~21:00 월요일 휴무
이용요금 팬케이크 180밧 카카오 스무디볼 250밧
- 건강한 아침 식사를 먹을 수 있는 곳. 신선한 과일과 곡물이 담긴 스무디볼로 가볍고 산뜻하게 하루를 시작해 보면 어떨까.

플레이웍스 Playworks
위치 18.801186, 98.967315
전화번호 +66 84 614 7226
운영시간 11:00~22:00 일요일 13:00~22:00
- 님만해민에 위치한 작은 소품 가게로 아기자기하고 독특한 소품이 가득하다. 특히 에코백이나 엽서 종류가 다양해 기념품을 사기 좋다.

패드 센 벤자 Pad Sen Benja
위치 18.795216, 98.973209
전화번호 +66 95 682 3316
운영시간 10:00~20:00
이용요금 음식 45~90밧
- 볶음 쌀국수인 팟타이 전문점으로 저렴한 가격에 비해 음식 맛이 훌륭한 것이 이곳의 가장 큰 장점이다.

비어 랩 Beer Lab
위치 18.795808, 98.965648
전화번호 +66 97 997 4566
운영시간 17:30~24:00
이용요금 맥주 150~350밧
- 아마 치앙마이에서 이처럼 다양한 세계 맥주를 파는 곳을 만나기 어려울 것이다. 그만큼 여러 종류의 맥주를 취급하고 있고 시원한 생맥주도 맛볼 수 있다.

Doing _____ activities
_____ activities

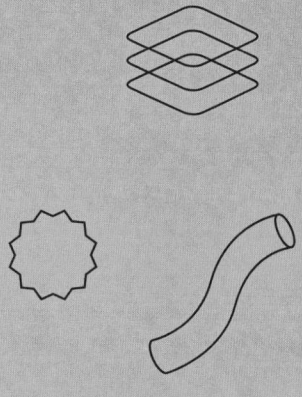

bucket list 9

더위를 날려 버릴
그랜드캐니언에서 다이빙하기

캐니언에서 물놀이를 한다고 하면 의아해하는 사람이 꽤 있다. 하지만 치앙마이의 캐니언은 우리가 생각하는 캐니언과는 조금 다르다. 자연적으로 형성되지 않고 땅을 파다가 빗물과 지하수가 고여 협곡이 되었기 때문이다. 이렇듯 독특한 캐니언은 두 가지 방법으로 즐길 수 있다. 물 위를 둥둥 떠다니며 한량처럼 시간을 보내거나 다이빙대에서 다이빙을 하며 역동적으로 보내거나. 둘 중 무얼 하든 즐거울 것이다. 무더운 날씨에 모두들 풍덩풍덩 빠지느라 정신없는 곳, 물놀이도 실컷 즐기고 다 놀고 난 다음에는 맛있는 음식으로 배를 채워 보자.

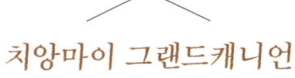

치앙마이 그랜드캐니언
Chiang Mai Grand Canyon

그랜드캐니언을 오르면 10미터 높이에 위치한 다이빙대를 볼 수 있다. 치앙마이의 더위를 한 번에 날려 버리고 싶다면 다이빙에 도전해 보자. 다이빙대에서 떨어지는 짜릿한 짧은 순간이 기억에 진하게 남고 담대한 스스로가 자랑스러워질 것이다. 높이도 높고 수심도 20미터 이상으로 깊어 주의해야 하지만, 위아래에서 안전요원들이 안전하게 즐기도록 도와주니 용기를 내도 좋다. 단 구명조끼 착용은 필수!

위치 18.696006, 98.892088
전화번호 +66 90 893 9858
운영시간 09:00~19:00
이용요금 100밧

워터파크
Water Park

위치 18.696006, 98.892088
전화번호 +66 063 672 4007
운영시간 08:00~19:00
이용요금 450밧

다이빙 도전에 성공했다면 워터파크에서 본격적으로 즐겨 보자. 실패했어도 괜찮다. 워터파크에서는 누구든 재밌게 놀 수 있다. 워터파크에는 블롭점프나 미끄럼틀 같은 놀이기구가 다양해서 체력이 다할 때까지 놀고 싶은 사람들에게는 천국이다. 입장료가 저렴하지는 않지만, 짚라인도 할 수 있어 하루 종일 액티비티를 즐기고 싶다면 후회 없는 선택일 것이다. 함께 갈 일행들을 미리 구해 맘껏 점프하고 뛰어들고 활동적인 하루를 보내 보자. 온힘을 다해 놀았다면 찌뿌둥한 몸을 위해 마사지를 받아 보면 어떨까. 이보다 완벽할 수는 없을 것이다.

Doing activities

tip 푸틴 테라스에서는 전반적인 태국 음식을 두루두루 맛볼 수 있다. 자신이 좋아하는 음식을 위주로 시키면 좋지만, 실패하고 싶지 않다면 무난한 돼지고기 카오팟을 추천한다. 태국 고추와 바질이 들어가 알싸한 향이 오묘하게 다가오는 저녁 하늘과 꽤 잘 어울린다. 식사 후에는 후식거리도 다양하게 나와 시간 가는 줄 모르고 먹다 보면 곧 어둠이 깔린다. 산속이라 돌아갈 때는 조심할 것! 호시하나 빌리지에서 무료로 대여해 주는 자전거를 타고 가도 괜찮다.

위치 18.697468, 98.883865
전화번호 +66 062 271 3699
운영시간 11:00~21:00
이용요금 음식 평균 200밧

푸핀 테라스
Phufinn Terrace

열심히 물놀이를 한 후 허기진 배를 달래고 싶다면, 해가 저물 때쯤 산속에 있는 푸핀 테라스를 찾아가 보자. 푸핀 테라스와 헛간을 이어주는 알전구와 보랏빛 하늘이 이곳의 낭만적인 뷰포인트. 1층도 좋지만, 2층에 올라가 해먹에 누워 풍경을 제대로 감상해 보면 어떨까. 멀리 보이는 치앙마이를 바라보면 꽤 멀리 왔다는 사실을 새삼 느끼게 된다.
아찔한 공중 해먹에 몸을 던지듯 누워 주문한 음식이 나올 때까지 먼 하늘을 향해 깊은 숨을 내뱉어 본다. '지금 이 순간은 오직 나만의 순간이야' 하고 이 여유를 오롯이 만끽하느라 밥을 먹으러 왔다는 걸 잊을 뻔한 것은 비밀.

course
하루 코스

워터파크 Water Park
위치 18.696006, 98.892088
전화번호 +66 063 672 4007
운영시간 08:00~19:00
이용요금 450밧
- 치앙마이 캐니언에서 즐길 수 있는 액티비티 중 하나로 놀이기구가 다양하니 하루 종일 신나게 놀아 보자.

카페 반녹 Kafe Bannok Coffee Roasters
위치 18.736485, 98.899753
전화번호 +66 88 251 7387
운영시간 09:00~19:00
이용요금 아이스 아메리카노 70밧
- 작은 계곡 옆에 있는 카페로 시원하게 음료를 마시며 쉴 수 있다. 여유롭게 시간을 보내기 좋은 곳이다.

호피폴라 Hoppipolla
위치 18.735824, 98.903135
전화번호 +66 90 550 0045
운영시간 18:00~20:00 월요일 휴무
이용요금 살몬스테이크 350밧 바비큐립 400밧
- 야외에서 즐기는 바비큐 맛집. 캠핑장에 온 기분을 내고 싶다면 이곳이 제격이다.

포레스타 빌라 Foresta Villa
위치 18.72911, 98.91161
전화번호 +66 88 258 1733
- 항동에 위치한 정갈한 분위기의 숙소. 조용하게 휴식을 취할 수 있는 것이 장점이다. 150밧을 추가로 내면 정성껏 준비한 조식이 제공된다.

미쑥 헬스 마사지 Meesuk Health Massage
위치 18.724583, 98.948959
전화번호 +66 86 365 6331
운영시간 10:00~20:00
- 마사지숍으로 치앙마이 시내와는 거리가 있는 만큼 가격은 저렴하고, 시설과 서비스는 더 우수하다. 장점만 두루 갖춘 곳.

Doing activities

bucket list 10

요가로 부지런하게 아침 시작하기

날씨가 따뜻해 일찍 눈이 떠진다면 아침 요가를 하러 가볍게 나가 보자. 솔솔 불어오는 바람에 졸음이 다시 몰려오지만 부지런히 나왔다는 뿌듯함에 기분이 쉽게 들뜬다. 활기찬 요가 선생님의 목소리에 맞춰 뭉쳤던 근육을 풀어 주고 요가 동작을 따라 하고 나면 몸이 한결 가볍다. 이런 날에는 산책도 좋지만 빨리 하루를 시작한 만큼 여기저기 기웃거리며 재밌는 활동을 찾아보면 어떨까.

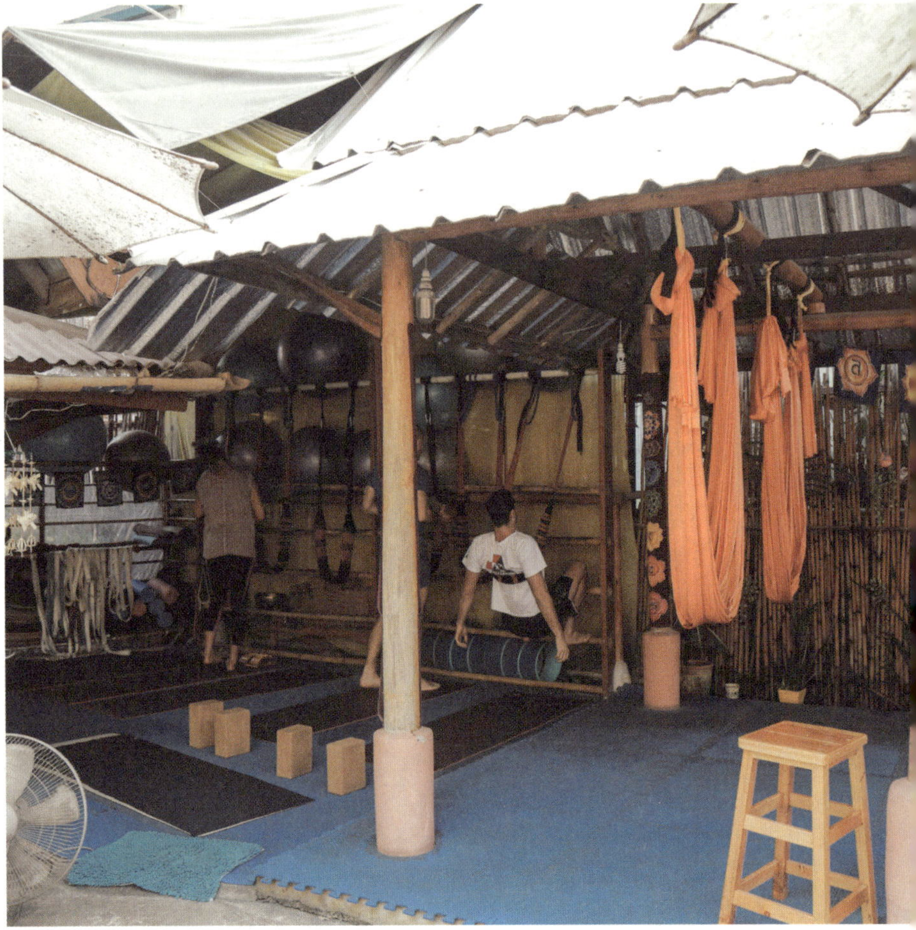

위치 18.805388, 98.973124
전화번호 +66 80 673 6516
운영시간 09:00~18:00
이용요금 원데이 클래스 250밧 5회 1100밧 10회 2000밧

 원데이 클래스는 www.facebook.com/ChiangmaiYoga/에서 예약할 수 있다.

삿바 요가
Satva Yoga

바깥공기를 마시며 상쾌하고 특별하게 요가할 수 있는 곳. 치앙마이에 왔다면 실내에 있는 요가 스튜디오 보다는 야외 요가가 제격이다. 힘든 동작에 지칠 때면 옆에서 기웃거리며 쳐다보는 강아지를 보고 힘이 나기도 한다. 소도구를 이용해 몸의 치유를 돕는 아헹가 요가 Iyengar yoga, 해먹을 이용한 플라잉 요가 aerial yoga, 물 흐르듯 연결된 동작의 빈야사 요가, 테라피 요가 등 다양한 클래스가 있으니 자신에게 맞는 요가를 선택해서 들어 보자. 원데이 클래스를 듣는 여행객도 많아 혼자 민망하지는 않을까 하는 걱정도 금세 사라질 것이다. 마음의 평온을 위해 하루쯤은 정신과 호흡을 가다듬어 보자.

슬로우 핸즈 스튜디오
Slow Hands Studio

반캉왓의 골목길에 위치한 스튜디오. 나무로 된 문을 끼익 열면 스튜디오의 호스트인 준이나 스튜디오 클래스 수강생들이 반갑게 맞아 준다. 스튜디오 곳곳에는 여러 수강생이 만든 도자기가 전시되어 있고 수강생들은 저마다 자리에서 도자기를 빚으며 집중하고 있다.

무엇을 만들고 싶은지 정하고 나면 본격적인 수업이 시작된다. 그룹별 수업이 아닌 개인 수업으로 설명만 듣고 따라 하기 어려운 지점에서 도움을 요청하면 호스트가 도와준다. 뿐만 아니라 호스트가 직접 소매를 걷어붙이고 도자기가 예쁘게 만들어질 수 있도록 매만져 주기 때문에 도자기의 완성도는 물론 수업의 완성도도 높다. 오픈된 공간의 스튜디오라 자연과 함께하는 기분은 덤이다.

고요한 곳에서 집중해서 도자기를 빚는 시간, 내 손 끝에서 탄생한 정성 담긴 찻잔과 접시, 오래 머물고 싶은 준의 스튜디오와 풍경들, 이 모든 게 로맨틱하다. 직접 만든 도자기를 소중한 사람에게 선물해야지. 꽤 멋진 선물이 될 것 같다.

위치 18.780969, 98.954289
전화번호 +66 81 437 3611
운영시간 10:00~16:00
이용요금 원데이 클래스 800밧

 클래스는 www.facebook.com/slowhandsstudio에서 예약할 수 있다.

course
하루 코스

삿바 요가 Satva Yoga
위치 18.805388, 98.973124
전화번호 +66 80 673 6516
운영시간 09:00~18:00
이용요금 원데이 클래스 250밧 5회 1100밧 10회 2000밧
- 자연 속에서 요가 할 수 있는 야외 요가 스튜디오다. 아행가 요가, 플라잉 요가, 빈야사 요가, 테라피 요가 등 다양한 클래스가 있다.

펭귄 코업 Penguin Co-Op
위치 18.809597, 98.962686
전화번호 +66 88 459 9155
운영시간 12:00~18:00
- 펭귄 빌라에 있는 아기자기한 편집숍으로 주로 핸드메이드 소품을 판매한다. 작지만 다양한 수공예품을 구경할 수 있다. 뿐만 아니라 펭귄 빌라에는 펭귄 게토 등 카페도 있으니 함께 둘러보면 좋다.

꼬프악 꼬담 Gopuek Godum
위치 18.806277, 98.963975
전화번호 +66 90 891 9622
운영시간 07:30~14:00 화요일 휴무
- 끈적 국수와 카놈빵이 맛있는 곳으로 아침에는 방문객이 많으니 느긋하게 가면 좋다.

YMKW
위치 18.806930, 98.964601
전화번호 +66 94 740 5532
운영시간 09:00~17:00
- 치앙마이만의 감성이 가득한 작고 귀여운 카페로 커피가 맛있다.

왓쳇욧 Wat Chet Yot
위치 18.809083, 98.972195
전화번호 +66 53 224 802
- 고즈넉한 분위기의 사원인 왓쳇욧은 7개의 첨탑이 있는 사원을 뜻하며 다른 사원에 비해 관광객이 적어 조용하게 관람할 수 있다.

솜땀우돈 Somtam Udon
위치 18.806564, 98.976427
전화번호 +66 53 222 865
운영시간 09:00~21:00
- 솜땀이 맛있기로 유명한 로컬 식당. 다양한 솜땀 중에서도 옥수수 솜땀을 추천한다.

bucket list 11

새로운 친구들과
태국 음식 만들기

태국 음식을 일단 한 번 먹어 보자. "와, 어떻게 이런 맛이 날까?" 싶은 음식들이 참 많고, 우리나라에서 보기 드문 식재료와 향신료를 보는 재미와 낯선 향과 맛에 익숙해지는 경험을 할 수 있다. 태국 음식의 매력에 빠져드는 것은 시간문제. 그래서인지 너도나도 태국 음식을 배우러 쿠킹 스쿨을 찾는다. 한국에 돌아가서도 태국 음식을 먹고 싶다면 쿠킹 클래스를 그냥 지나치지 말자. 반나절 동안 새로운 사람들과 함께 처음 보는 식재료로 요리를 하며 재료의 향도 맡아 보고 서로의 입맛에 맞는지 간도 봐주다 보면, 맛있는 요리로 배가 채워지는 것은 물론 마음까지 괜히 벅차오른다. 치앙마이에는 쿠킹스쿨이 참 많고 커리큘럼도 비슷비슷해서 쿠킹스쿨을 찾기 어렵다면 한 가지 기준을 정해 보자. 가장 치앙마이스러울 것.

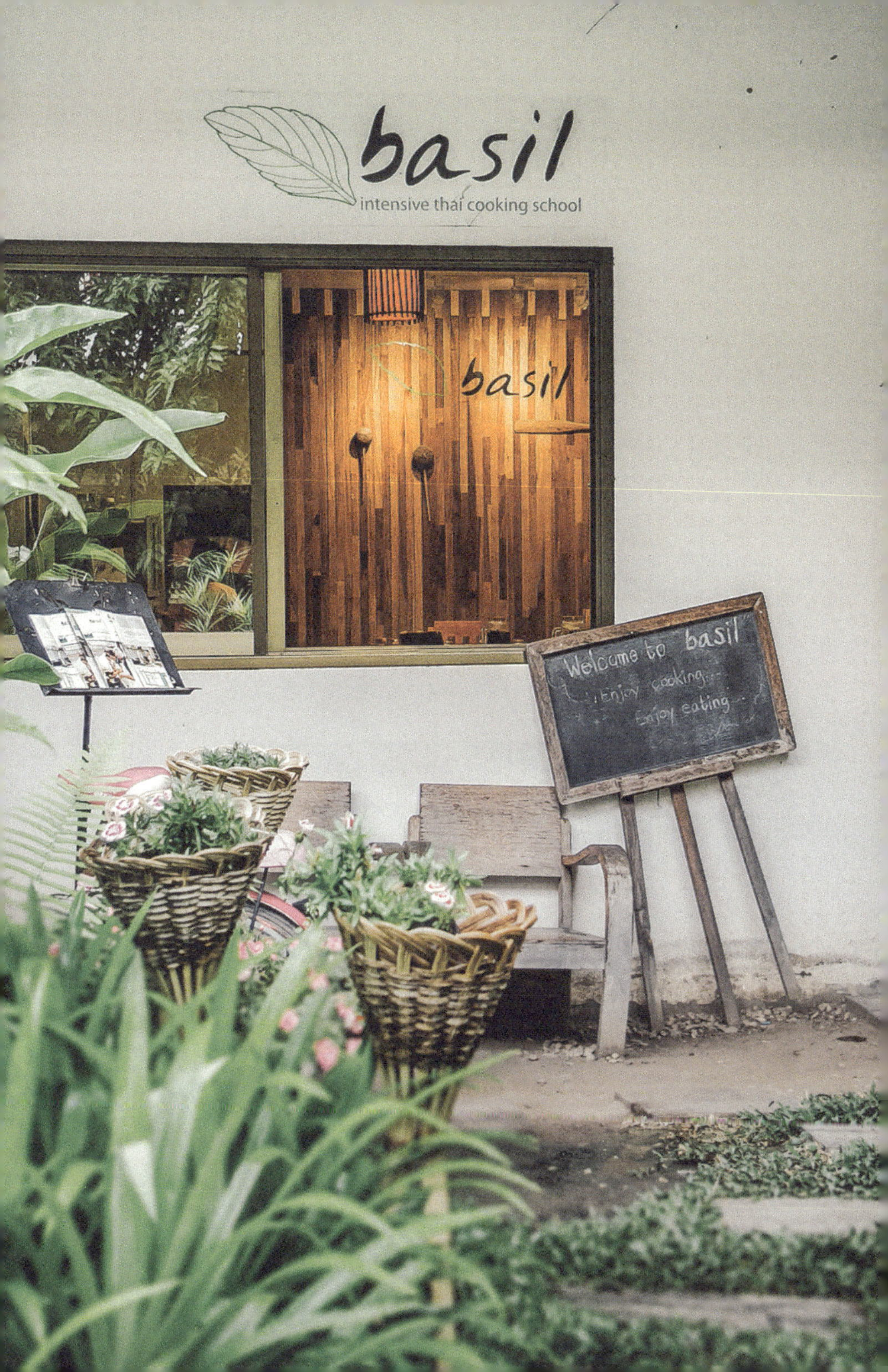
basil
intensive thai cooking school
basil
Welcome to basil
Enjoy cooking
Enjoy eating

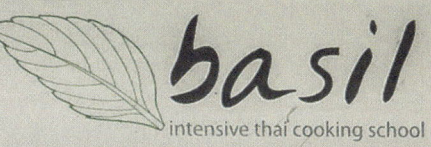

마마노이 타이 쿠커리 스쿨
Mama noi Thai Cookery School

작은 정원이 있는 이 쿠킹스쿨은 여행 액티비티 어플에서 쉽게 예약할 수 있고, 숙소까지 픽업을 오기 때문에 아주 편리하게 클래스를 들을 수 있다. 다 함께 마켓 투어를 하며 재료를 고르고 돌아와 태국 대표 음식인 똠얌꿍, 카오팟, 카오소이부터 애피타이저, 후식 차까지 다양한 태국 음식을 배운다. 활기찬 분위기 속에서 새로운 사람을 만나고 맛있는 음식을 함께 맛보고 기분 좋은 든든한 경험을 할 수 있다.

위치 18.769672, 99.024315
전화번호 +66 53 245 142
운영시간 월~금 07:00~22:00 토요일 08:00~22:00 일요일 08:00~23:00
이용요금 반나절 코스(4시간) 800밧 전일 코스(6시간) 1,000밧

> **tip** 홈페이지 www.mamanoicookeryschool.com 에서 예약하거나 '클룩klook' 또는 '케이케이데이KKday'같은 사이트에서 예약할 수 있다. 예약 후 픽업 장소를 입력하면 그 장소로 마마노이의 썽태우가 데리러 올 것이다.

바질 쿠커리 스쿨
Basil Cookery School

위치 18.795295, 98.973589
전화번호 +66 83 320 7693
운영시간 08:00~21:00 일요일 휴무
이용요금 아침 코스 저녁 코스 1,000밧

아기자기한 감성이 가득한 가정집 같은 쿠킹 스쿨. 치앙마이 시내에서도 가까워 이동하기 편리하고 실내에서 소규모로 진행되어 요리 시간에 좀 더 집중할 수 있다. 다른 쿠킹 스쿨과 마찬가지로 시장에 들러 신선한 재료를 살펴보고 하나하나 고른 뒤 본격적으로 요리를 선택하고 조리법을 배우기 시작한다. 총 7가지 요리를 만든 후에는 빠질 수 없는 시식 타임. 내가 태국 음식을 만들다니! 친절한 선생님 덕분에 아무래도 태국 음식에 소질이 있는 것 같다는 생각에 빠져들 것이다.

> **tip** 홈페이지 www.basilcookery.com 또는 페이스북 페이지 www.facebook.com/basilcookery/를 통해 예약할 수 있다.

Doing activities

타이 팜 쿠킹 스쿨
Thai Farm Cooking School

초록이 가득한 자연 속에서 요리해 보면 어떨까? 타이 팜 쿠킹 스쿨은 가장 치앙마이스러운 쿠킹 스쿨이다. 쿠킹 스쿨에서 운영하는 유기농 농장에서 직접 재료를 맛보는 체험 활동까지 더해져 다른 쿠킹 스쿨보다 알차다는 느낌을 받을 수 있다. 뿐만 아니라 수업도 10명 이내로 진행되어 차근차근 요리를 배울 수 있고 완성도도 높다. 교외에서 친절하고 활기찬 선생님과 함께 요리를 만들고 시식하면 먹는 맛은 물론 보는 맛까지 챙길 수 있을 것이다. 픽업해 줄 뿐만 아니라 물론 수업이 끝난 후에는 다시 치앙마이 시내로 데려다 주니 부담 없이 다녀와 보자!

위치 18.794110, 98.991979
전화번호 +66 81 288 5989
운영시간 08:30~17:30
이용요금 반나절 코스(6시간) 1,200밧
전일 코스(9시간) 1,500밧

> **tip** 홈페이지www.basilcookery.com 또는 페이스북 페이지www.facebook.com/basilcookery/를 통해 예약할 수 있다.

course
하루 코스

타이 팜 쿠킹 스쿨 Thai Farm Cooking School
위치 18.794110, 98.991979
전화번호 +66 81 288 5989
운영시간 08:30~17:30
이용요금 반나절 코스(6시간) 1,200밧 전일 코스(9시간) 1,500밧
∘ 넓은 농장에서 진행되는 쿠킹 스쿨로 다른 곳과 달리 자연에서 평화롭게 요리를 배우고 즐길 수 있다.

타패 게이트 Thaphae Gate
위치 18.787696, 98.993464
운영시간 15:30~24:00
∘ 올드시티를 동서남북으로 둘러싼 4개의 게이트 중 가장 유명한 곳으로 아름다운 옛 성벽을 볼 수 있다.

베어풋 카페 barefoot cafe
위치 18.788034, 99.000888
전화번호 +66 83 564 7107
운영시간 12:00~15:00 / 17:00~21:00 화, 수 휴무
∘ 하루쯤 맛있는 피자와 파스타를 먹고 싶다면 이곳을 찾자. 오픈 키친이라 요리 과정을 볼 수 있고, 바 테이블에 앉으면 마치 친구네 집에 놀러와 정성 담긴 음식을 대접받는 듯한 경험을 할 수 있을 것이다.

타패 이스트 Thapae East
위치 18.788072, 99.000807
전화번호 +66 91 853 4101
운영시간 17:00~24:00
∘ 라이브 공연을 즐기기 좋은 곳으로 떠들썩한 노스 게이트 바와 달리 차분한 분위기이다. 맥주뿐만 아니라 다양한 주류를 제공하고 있다.

Enjoying the table

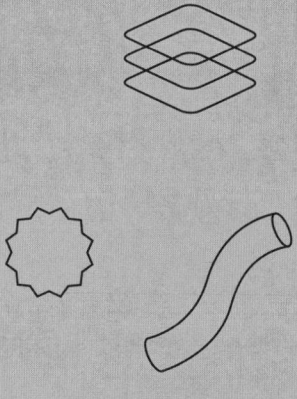

bucket list 12

미뤄왔던 책과 다이어리를 들고 카페 나들이하기

숲속의 카페에 앉아 여유롭고 느긋하게 시간을 보내는 내 모습. 치앙마이 하면 막연히 떠오르는 모습이 아닐까. 빼곡히 세워둔 계획도 없을 뿐더러 아침 일찍부터 일어나 빨빨거리며 돌아다니지 않아도 되는 곳. 느지막이 일어나 오늘은 어느 카페를 다녀와 볼까 가만히 고민해 본다. 치앙마이에는 숨은 예쁜 카페가 한가득하니 매일매일 한 곳씩 들르도 좋을 것이다. 그동안 읽지 못했던 책 한두 권이나 밀린 다이어리를 챙겨 나가 보면 어떨까. 평소에는 갈 수 없었던 한적한 카페에 앉아 노트를 펴놓고, 이것저것 끄적거리며 소중한 일상을 마음껏 만끽해 보자. 테이블에는 햇빛이 가득 들어오고 향이 진한 커피와 먹음직스러운 디저트가 코와 눈을 즐겁게 하는, 소소하고도 행복한 나만의 시간이 될 것이다.

위치 18.780186, 98.951668
전화번호 +66 86 879 6697
운영시간 09:30~19:00
이용요금 음료 평균 70밧 디저트 평균 100밧

No. 39 카페
No.39 Cafe

반캉왓과 왓우몽의 중간 지점에 위치한 작은 카페. 이곳은 우리의 환상을 정확히 알아채기라도 한 듯 2층짜리 통나무집과 자그마한 연못으로 우리를 반겨 준다. 연못에 떠 있는 귀여운 빨간 카약과 통나무집 옆으로 난 미끄럼틀은 만화에서나 나올 것 같고, 어린 시절의 향수를 마구 자극한다. 이렇듯 많은 이들의 마음을 사로잡은 이곳은 오전 시간대에는 방문객이 다소 많은 편이다. 여유롭게 머물다 가고 싶다면 네다섯 시쯤 해 질 무렵에 방문해 보자. 소설책 한 권을 들고 마음에 드는 자리에 앉아 연못 안 분수에서 퐁퐁 뿜어져 나오는 물소리를 듣다 보면 마법처럼 책이 술술 읽힐 것이다.

페이퍼 스푼
Paper Spoon

시간이 멈춘 놀이터에 온 것 같은 착각이 드는 이곳은 녹슨 미끄럼틀, 오래된 세발자전거 등 고물인 듯 고물 아닌 옛 물건이 자리하고 있다. 작고 귀여운 것은 뭐든 모아 놓았는지 손으로 만든 공예품과 엽서도 함께 판매하고 있다. 오밀조밀 모여 있는 손수건, 컵과 그릇 등 구경하는 재미도 쏠쏠하다. 이곳의 커피와 스콘도 정말 맛있지만, 더운 날씨에 목이 마르다면 시원한 패션프루트소다를 추천한다. 저렴한 가격의 토스트까지 곁들인다면 즐겁게 보낼 준비 완료. 2층에 자리를 잡고 나만의 시간을 가져 보자. 어느새 치앙마이의 아기자기함에 한껏 빠져 있을 것이다.

위치 18.780957, 98.953034
전화번호 +66 85 041 6844
운영시간 11:00~17:00 화, 수 휴무
이용요금 음료 평균 55밧 토스트 평균 30밧

수텝 앤 손즈 카페
Suthep and Sons Cafe

안 쓰는 차고지를 개조해 만든 듯한 카페로 홀린 듯 사람들의 발걸음을 이끄는 곳. 작은 공간에는 나무 테이블과 선반 카운터가 반듯하게 자리하고 있다. 따스한 조명까지 더해진 카페는 노란색이 가득해 어쩐지 나른해진다.

커피를 주문하고 후덥지근한 날씨 덕분에 바쁘게 돌아가는 선풍기 앞에 앉아 캐리어 깊숙이 박혀 있던 책을 꺼내 본다. 책장이 한두 장 넘어갈 때마다 자전거를 타고 지나가는 사람, 신나게 걸어가는 관광객들이 하나의 풍경으로 다가온다. 카페 주인은 커피를 다 만든 뒤 구석에 앉아서 기타 연습을 한다. 그 시간 속에 푹 젖어들며 소란스럽고도 차분한 한때를 보내고 있노라니 어느덧 집으로 돌아갈 시간이다. 반캉왓에 숙소가 있다면 여러 번 들러도 좋겠다.

이곳에서는 다른 음료보다는 커피를 주문해 보자. 진하고 부드러운 라테를 좋아하는 사람이라면 누구든 '이 집 커피 맛집이네!'라고 말할 것이다.

위치 18.781272, 98.953510
전화번호 +66 86 936 0833
운영시간 09:00~17:00 수요일 휴무
이용요금 커피 평균 50밧

더 반 이터리 앤 디자인
The Barn Eatery and Design

님만해민 쪽에 위치한 책 읽고 작업하기 좋은 카페. 초록 식물이 이곳저곳에 놓여 있고 하얀 커튼으로 가려져 언뜻 보이는 창밖에도 푸름이 가득하다. 치앙마이만의 분위기가 물씬 느껴지는 로컬 카페를 찾는다면 제대로 왔다. 천장이 높아 탁 트인 느낌을 주는 이곳은 치앙마이 대학교 졸업생들이 차린 카페라 그런지 손님 대부분은 대학생이고, 위치도 대학교에서 그리 멀지 않다. 분위기가 그렇다 보니 카페에서 사색에 잠기기보다는 과제나 공부, 독서, 일 등 자기만의 할 일을 하는 사람이 많다. 다들 자기 일에 몰두해 있기에 나도 괜히 따라서 무언가를 끼적이게 된다.

이곳의 시그니처 음료인 더 반The Barn과 코코넛케이크는 꼭 시켜야 할 메뉴다. 하얗고 달달한 크림이 듬뿍 든, 쫄깃한 코코넛 과육의 식감이 느껴지는 케이크를 한입 맛보면 돌아와서도 그 달달한 맛이 불쑥불쑥 생각나게 될 것이다. 밤늦게까지 운영하는 덕에 밀린 일을 하거나 다이어리를 쓰기에 딱이다. 내가 좋아하는 커피와 케이크를 옆에 두고 이것저것 하다 보면 어느새 케이크도 할 일도 모두 사라진 것을 확인할 수 있다. 책이든 할 일이든 가방에 꾹꾹 담아 이곳에서 해결해 보면 어떨까. 몰랐던 집중력을 발견할지도 모르니 말이다.

위치 18.787419, 98.966575
전화번호 +66 94 049 0294
운영시간 10:00~01:00
이용요금 커피 평균 60밧 디저트 평균 90밧

course
하루 코스

반캉왓 모닝마켓 Baan Kang Wat Morning Market
위치 18.776174, 98.948389
운영시간 08:00~13:00 일요일
- 반캉왓 마을에서 매주 일요일 아침에 열리는 마켓으로 작은 규모지만 라탄 바구니, 나염 티셔츠, 도자기 등 수공예품이 가득하다.

시즌스 아이스크림 Seasons Ice Cream
위치 18.776402, 98.948377
전화번호 +66 64 459 8956
- 반캉왓 마을 안에 있는 작은 아이스크림 가게. 마을을 구경하다 지친다면 들러 보자.

프리에이티브 아트 스페이스 Freeative Art Space
위치 18.778059, 98.950544
전화번호 +66 89 759 5151
운영시간 08:30~22:00
- 음식점이나 옷가게 등 작은 가게들이 모여 있는 아기자기한 공간.

No.39 카페 No.39 Cafe
위치 18.780186, 98.951668
전화번호 +66 86 879 6697
운영시간 09:30~19:00
이용요금 음료 평균 70밧 디저트 평균 100밧
- 반캉왓과 왓우몽의 중간에 위치한 카페로 작은 연못과 함께 자리하고 있다. 동화 속에서나 볼 법한 풍경에 많은 사람이 찾는다. 여유롭게 머물고 싶다면 해 질 무렵에 방문해 보자.

크레이지 누들 Crazy Noodle
위치 18.793382, 98.971346
전화번호 +66 86 541 6646
운영시간 10:00~21:00
- 토핑과 면, 국물을 내 마음대로 골라 먹을 수 있는 국수 맛집.

더 반 이터리 앤 디자인 The Barn Eatery and Design
위치 18.787419, 98.966575
전화번호 +66 94 049 0294
운영시간 10:00~01:00
이용요금 커피 평균 60밧 디저트 평균 90밧
- 치앙마이 대학교 졸업생들이 차린 카페로 책을 읽거나 일을 하며 시간을 보내기 좋다.

bucket list 13

독특한 분위기의 카페에서
인생 사진 남기기

내 취향이 가득 담긴 예쁜 카페를 찾아가는 일은 일상 속 작은 행복이다. 카페에 머무는 내내 잘 꾸며진 공간이 주는 만족감에 기분이 좋아진다. 치앙마이를 여행하면 카페가 빠질 수 없고, 예쁜 카페를 하나둘 발견하는 것도 여행의 일부가 된다.

카페 의자에 편히 앉은 채 자연스럽게 찍은 사진이나 카페의 특성이 잘 나타나는 포토존 앞에서 찍은 사진을 보면 그때의 감정과 분위기, 풍경까지도 생생하게 떠오른다. 남는 건 사진뿐이라는 말이 있듯 어쩌면 다시 오지 못할 장소에서 그날의 나를 사진으로 남겨 보면 어떨까. 잘 나왔든 그렇지 않든 돌이켜 보면 소중한 추억으로 자리할 것이다.

동 마담
Dong Madame

온통 식물로 뒤덮인 이곳은 언뜻 보면 '정말 문을 연 게 맞나?'라는 생각이 들 정도지만, 걱정 말고 문을 활짝 열어 보자. 몇 발자국만 내디디면 피터팬의 네버랜드처럼 조그마한 정원 곳곳에 자리한 다채로운 꽃들이 반겨 준다. 실내로 들어가면 화려한 무늬의 타일이 바닥에 깔려 있고, 예스러운 의자와 식기가 눈길을 끈다. 화려하면서도 고풍스러운 벽은 사진을 찍을 수밖에 없게 한다.

이곳저곳 사진으로 담다 보면 주문한 음식이 금방 나올 것이다. 음식 가격이 저렴하고 장소가 특색 있는 만큼 웨이팅 시간이 길어 오래 기다릴 수 있으니, 오픈 시간에 맞추어 방문하면 좋다.

위치 18.789395, 98.953613
전화번호 +66 83 575 1373
운영시간 13:00~16:00 / 18:00~20:30 화요일 휴무
이용요금 음식 평균 60밧

위치 18.910807, 98.911392
전화번호 +66 85 111 7777
운영시간 09:00~18:00
이용요금 음식 평균 180밧

더 아이언우드
The Ironwood

우리가 어렴풋이 꿈꾸는 숲속의 작은 집이 이런 모습일까. 무슨 이런 구석에 음식을 파는 곳이 있을까 의심하던 것도 잠시, 목적지에 다다르면 1층짜리 작은 집 주변으로 풀숲이 우거져 있고 이곳저곳 놓인 의자와 테이블에서 소소한 점심을 즐기는 사람들을 볼 수 있다. 또 단박에 우리의 시선을 끄는 뾰족한 지붕의 작은 온실이 있는데, 이곳을 중심으로 사진을 찍어 보자. 묘한 풍경 덕분에 어떤 모습이든 찍는 사진마다 인생 사진으로 남을 것이다. 맛있는 식사를 다 즐기고 난 뒤에는 구석구석 살펴보며 카메라에 담아 봐도 좋겠다. 작은 부분조차도 아이언우드만의 감성이 흠뻑 묻어 있으니 말이다.

위치 18.910793, 98.911367
전화번호 +66 94 829 6692
운영시간 10:30~18:00 수요일 휴무
이용요금 음료 평균 100밧 음식 평균 300밧

통마 스튜디오
Thongma Studio

이국적인 풍경에 또 다른 여행지로 여행 온 것 같은 느낌을 주는 곳. 과연 여기가 태국이 맞을까? 붉은 벽돌집의 커다랗고 예스러운 낡은 대문을 열고 들어가 보자. 대리석 선반에 놓인 석고상과 창문 밖으로 보이는 선인장이 눈에 들어올 것이다. 얼핏 보면 음식점이 아니라 미술관 같기도 하다. 유럽과 태국이 뒤섞인 듯한 이곳은 아이언우드와 인접해 있어 아이언우드에서 식사를 하고 들러도 좋다.

세심하게 인테리어에 신경 쓴 덕분에 서 있는 곳이 곧 포토 스팟이 된다. 프렌치토스트와 아이스 아메리카노 같은 브런치를 즐기며 오늘만큼은 치앙마이에서 유러피언이 되어 볼까?

course
하루 코스

통마 스튜디오 Thongma Studio
위치 18.910793, 98.911367
전화번호 +66 94 829 6692
운영시간 10:30~18:00 수요일 휴무
이용요금 음료 평균 100밧 음식 평균 300밧
- 갤러리인지 음식점인지 구분하기 어려운 독특한 분위기의 식당으로 간단하게 브런치를 즐기기 좋다.

몬 쨈 Mon Chaem
위치 18.935776, 98.822419
전화번호 +66 81 806 3993
운영시간 07:00~20:00
- 매림에 왔다면 꼭 들러야 할 일몰이 아름다운 관광지. 정상에 자리한 원두막에 앉으면 시원하게 탁 트인 풍경을 감상할 수 있다.

퀸 시리킷 보타닉 가든 Queen Sirikit Botanic Garden
위치 18.887268, 98.861997
전화번호 +66 53 841 234
운영시간 08:30~17:00
이용요금 입장료 100밧
- 매림에 위치한 대형 식물원으로 다양한 식물을 감상할 수 있는 것은 물론, 규모가 큰 만큼 자동차나 오토바이로 이동할 수 있어 편리하다. 모두 둘러 볼 시간이 부족하다면 20미터 높이의 공중 산책로인 캐노피 워크를 걸어 보자. 보타닉 가든을 제대로 느낄 수 있을 것이다.

더 아이언우드 The Ironwood
위치 18.910807, 98.911392
전화번호 +66 85 111 7777
운영시간 09:00~18:00
이용요금 음식 평균 180밧
- 작은 온실이 있는 그림 같은 풍경의 음식점. 어디서든 사진이 잘 나오니 구석구석 살펴보며 카메라에 담아 보자.

bucket list 14

라이브 공연을 보며 맥주와 함께 하루 마무리하기

낮에는 카페나 공원에서 노닥노닥하며 놀았다면 밤에는 뭘 하면서 놀 수 있을까? 낮과는 또 다른 시간이 우리를 기다리고 있다. 치앙마이는 사계절 내내 따뜻한 나라다 보니 사람들은 해가 뜨거운 낮에는 실내에서 주로 시간을 보내고 해가 저물 때쯤 활기차진다. 다른 동남아시아 나라에서도 시끌벅적하고 볼거리가 많은 야시장이 유명 관광지인 것도 이 때문이지 않을까?
그날의 기분에 따라 어울리는 라이브 바를 찾아가 보자. 맥주 한 병을 손에 들고 아까보다는 조금 시원해진 공기를 느껴 보자. 아는 노래가 나오면 흥얼거리고 이름도 모르는 옆 사람과 'Cheers!'를 외치다 보면 어느새 치앙마이의 밤이 조금씩 깊어져 간다. 바로 지금이 치앙마이를 제대로 즐길 수 있는 시간이다. 들뜬 기분을 마음껏 표현하며 신나게 놀아 보자.

호피폴라
Hoppipolla

야외에서 즐기는 진짜 바비큐 맛집. 올드시티에서 차를 타고 30분 정도 걸리는 거리에 위치해 있다. 저녁 공연을 즐기기 전에 배를 두둑이 채우고 가볼까. 호피폴라에서는 다양한 바비큐를 즐길 수 있는 것은 물론 과일로 알록달록 플레이팅 되어 나오는 음식에 눈마저 즐겁다. 모든 메뉴가 기본으로 맛있지만, 가장 인기 메뉴인 살몬스테이크와 바비큐립은 꼭 먹어 볼 것! 스테이크를 다 먹고 입가심으로 과일을 까먹으며 도란도란 이야기하다 보면 정말 캠핑하러 온 듯한 기분이 들 것이다.

맛집인 만큼 전화나 페이스북으로 며칠 전에 예약해야 하는 번거로움이 있지만, 호피폴라만의 분위기를 맛보고 나면 그 수고도 한순간에 잊게 된다. 예약이 어렵다면 호스텔이나 호텔 직원에게 번호를 전달해주고 예약을 부탁하는 것도 방법이다. 살몬스테이크는 금방 품절될 수 있으니 서둘러 예약하는 게 좋다.

> **tip** 호피폴라에서는 물이나 음료는 팔지만 주류는 팔지 않는다. 맥주와 함께 바비큐를 즐기고 싶다면 옆 가게에서 따로 맥주를 사 오자.

위치 18.735824, 98.903135
전화번호 +66 90 550 0045
운영시간 18:00~20:00 월요일 휴무
이용요금 살몬스테이크 350밧 바비큐립 400밧

위치 18.795192, 98.987015
전화번호 +66 81 765 5246
운영시간 19:00~24:00 화요일
이용요금 맥주 85밧

더 노스 게이트 재즈 코업
The North Gate Jazz Co-Op

매주 화요일 밤, 치앙마이의 유명한 밴드 노스 게이트가 라이브 공연을 하는 곳. 이날은 잼데이라고 불리며 저녁에는 공연을 보러 모인 사람들로 바 앞이 북적인다. 이곳은 이미 치앙마이에서 명소가 되어 따로 약속하지 않아도 아는 얼굴을 쉽게 마주칠 수 있다. 입장료도 없어 맥주나 칵테일만 한잔 주문하면 공연을 즐길 수 있다. 자유로운 분위기 속에서 사람들 틈에 섞여 노래를 감상해 보자. 재즈가 이렇게 신날 수도 있구나 하며 새롭게 느껴지기도 하고, 색소폰과 트럼펫의 멜로디가 가슴을 설레게 하기도 한다. 맥주를 홀짝이며 멍하게 재즈 연주를 듣는 것도 행복하고 아는 얼굴을 만나 오늘은 뭘 했냐며 시시콜콜 이야기하는 것도 마냥 좋기만 하다. 무얼 하든 이곳에 있다는 자체만으로 충만한 화요일 밤이 될 것이다.

재즈바에서 한참 시간을 보내다가 허기가 지면 근처 야시장에 들러 카우보이 모자를 쓴 캐릭터 간판을 찾아가 보자. 족발덮밥을 한 그릇 먹고 나면 다시 공연을 볼 기운이 생긴다. 메뉴는 크게 고민하지 않아도 된다. 이곳이 족발덮밥 맛집이라 종업원들이 정신없이 음식을 서빙하고 있으니 말이다.

> **tip** 밴드와 가까운 곳에서 즐기고 싶다면 오픈 시간에 맞추어 들어가자. 공연은 3부로 나누어 진행되는데 1부는 8시 30분부터 시작된다. 공연을 제대로 즐기고 싶다면 9시 30분까지는 기다릴 것!

플로엔 루디
Ploen Ruedee Night Market

나이트 바자 야시장 안에 조그맣게 열리는 플로엔 루디 마켓에서도 밴드의 라이브 공연을 볼 수 있다. 유명하고 큰 공연은 아니지만 야외에서 하는 만큼 근처에 있는 푸드마켓에서 다양한 먹거리와 함께 즐길 수 있다. 8시 30분부터 시작되는 라이브 공연을 보기 전에 배가 출출하다면 간단한 음식을 사서 무대 근처에 자리를 잡아 보자. 혼자 즐기는 것도 좋지만 치앙마이에서 알게 된 친구들과 함께해 보면 어떨까. 주변이 어둑해지고 머리 위에 앙증맞게 달린 조명에 하나둘 불이 들어오기 시작하면 오늘은 또 어떤 밤을 보내게 될까 벌써부터 기대될 것이다.

위치 18.786727, 99.000619
전화번호 +66 92 265 8741
운영시간 18:00~24:00
이용요금 음료 평균 100밧 음식 평균 200밧

루츠 락 레게
Roots Rock Reggae

레게 음악을 좋아하는 사람이라면 평화로운 레게 라이브 바도 빼놓을 수 없다. 조그마한 라이브 무대를 즐길 수 있는 이곳은 10시가 넘어가면서부터 흥이 넘치기 시작한다. 입장료는 없으니 음료만 주문하면 된다.
모두의 얼굴을 바라볼 수 있는 작은 공간에서 칵테일을 들고 세상을 다 가진 듯이 행복하게 춤추는 사람들. 그들처럼 모히토 한잔을 시키고 신나는 대로 몸을 움직이며 자유를 한껏 만끽해 보면 어떨까. 시간이 어떻게 흐르는지도 모른 채 하루가 갈 것이다. 피스풀, 레게를 사랑하는 사람이라면 자유로 가득 찬 이곳에서 무척 행복한 시간을 보낼 수 있다.

위치 18.791162, 98.990613
전화번호 +66 81 992 9079
운영시간 17:00~24:00
이용요금 음료 평균 100밧

course
하루 코스

카오소이 쿤야이 Khao Soi Khun Yai
위치 18.795377, 98.983217
운영시간 10:00~14:00 일요일 휴무
이용요금 카오소이 40~60밧
- 사람이 항상 붐비는 카오소이 맛집. 치앙마이에 왔다면 꼭 들러 보자. 스몰 사이즈는 양이 부족할 수 있어 라지 사이즈를 추천한다.

판파 카페 Phanfa Cafe
위치 18.793932, 98.983433
운영시간 10:00~17:00 월요일 휴무
- 커피가 맛있는 조용한 분위기의 카페. 언제 가도 주인아주머니가 친절하게 반겨 주는 곳.

리틀 쿡 카페 Little Cook Cafe
위치 18.797128, 98.983896
전화번호 +66 85 714 1189
운영시간 18:00~21:00 일요일 휴무
- 이탈리안 레스토랑으로 모든 음식이 가격대가 있지만, 먹고 나면 값어치를 한다는 생각이 드는 곳. 음식 양도 많고, 현지인들도 많이 찾는 곳이라 맛은 보장되어 있다. 정성스러운 한 끼를 먹고 싶다면 이곳을 찾자.

라이즈 루프탑 바 Rise Rooftop Bar
위치 18.797305, 98.969429
전화번호 +66 53 216 219
운영시간 15:00~01:00
- 아키라 매너 호텔의 꼭대기 층에 위치한 루프탑 바. 호텔에서 운영하는 만큼 관리가 잘되어 있으며 야경을 바라보며 칵테일을 마시기에 좋다.

더 노스 게이트 재즈 코업 The North Gate Jazz Co-Op
위치 18.795192, 98.987015
전화번호 +66 81 765 5246
운영시간 19:00~24:00
이용요금 맥주 85밧
- 치앙마이의 유명 밴드 노스 게이트가 화요일 밤마다 라이브 공연을 하는 곳으로 떠들썩하고 자유로운 분위기 속에서 노래를 감상하는 색다른 경험을 할 수 있다.

Enjoying the table

Shopping ——— in Chiang Mai

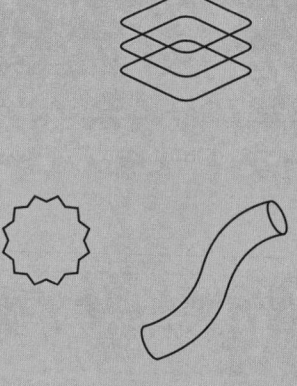

bucket list 15

푸름 가득한 모닝마켓에서
아침 시작하기

더운 날씨 탓에 치앙마이에는 아침에 여는 야외 마켓이 많다. 여유로운 곳으로 놀러온 만큼 늘어지게 자고 싶지만 하루쯤은 부지런히 일어나 모닝마켓을 구경하러 나가 보자. 옷차림도 발걸음도 가볍고 아침의 신선한 햇살에 기분까지 상쾌하다. 마켓에서 파는 태국만의 독특한 패턴의 옷이나 액세서리, 도자기 그릇 등 낯설고도 예쁜 물건을 마주하면 오늘 일찍 일어나길 참 잘했다며 스스로를 칭찬하게 될 것이다.

위치 18.776174, 98.948389

운영시간 08:00~13:00 일요일

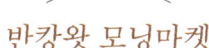

반캉왓 모닝마켓
Baan Kang Wat Morning Market

매주 일요일 아침, 치앙마이와 가장 잘 어울리는 마켓이 반캉왓 마을에서 열린다. 치앙마이를 여행하면 이상하게 게을러지게 되지만, 한번쯤은 한여름의 무더운 공기가 아닌 조금은 선선한 아침 공기를 마시고 싶어 이날은 특별히 부지런히 움직이기로 했다. 마켓은 오후 1시에 끝나지만 12시가 지나고부터 슬슬 정리하는 분위기라 12시 전에 가서 둘러보는 것이 좋다. 작은 마켓이지만 오래된 필름카메라를 팔기도 하고, 라탄 바구니와 나염티셔츠, 직접 빚어 만든 도자기 그릇까지 어느 하나 빠짐없이 이곳의 감성을 담은 물건이 가득하다. 물건들을 하나하나 살피다 보면 훌쩍 시간이 흘러간다. 나의 취향이 꼭 담긴 물건들을 사고 반캉왓 마을 안에 있는 브런치 카페에서 브런치나 커피를 즐기고 나오면 알찬 하루가 시작될 것이다.

나나 정글
Nana Jungle

이름부터 너무 귀여운 빵 시장. 이제껏 많은 시장을 봐왔지만 빵만 파는 빵 시장은 처음이다. 나만큼이나 생소한 사람이 많은 걸까. 치앙마이에서도 꽤 유명해서 이른 시간에 여는 데도 아침부터 빵을 먹으러 온 사람들로 시장은 금세 가득 찬다.

나나정글에 도착했다면 입구에서 번호표를 받고 순서대로 들어가야 한다. 내 차례가 오면 마치 비밀의 숲에라도 가는 것처럼 설레는 마음으로 숲속 빵 시장으로 본격적으로 입성한다. 먼저 나나정글에서 가장 인기 많은, 버터 향을 진하게 풍기는 크루아상을 봉투에 담자. 그 다음 차근차근 네모 모양으로 돌면서 좋아하는 빵들을 담아 보자. 마음이 금방 든든해진다. 빵을 계산하고 나와 유기농 우유도 사면 빵 먹을 준비 완료. 드립커피를 파는 커피 트럭 앞 테이블에 자리를 잡고 빵을 한입 베어 먹으며 여유를 만끽해 본다.

치앙마이 시내에서 조금 거리가 있어 아침 일찍 일어나는 게 힘들 수도 있지만, 맛있는 빵과 기분 좋은 것들이 가득한 이곳이라면 얼마든지 용서할 수 있다.

위치 18.826656, 98.952702
전화번호 +66 86 586 5405
운영시간 06:00~11:00 토요일

course
하루 코스

손즈 피자 Son's Pizza

위치 18.821177, 98.950412
전화번호 +66 65 527 2534
운영시간 11:30~20:00 월요일 휴무
- 저렴하고 맛있는 화덕 피자를 맛볼 수 있는 곳으로 교외에 위치해 있어 한적하고 평화로운 분위기는 덤이다.

홈 카페 Hohm Cafe

위치 18.818713, 98.969175
전화번호 +66 97 923 4587
운영시간 10:00~18:00
이용요금 음료 평균 65밧 음식 평균 80밧
- 작은 다락방과 정원이 있는 소박한 카페로 정원에 앉아 한가롭게 시간을 보내기 좋다. 음료와 디저트뿐만 아니라 간단한 식사도 할 수 있다.

나나 정글 Nana Jungle

위치 18.826656, 98.952702
전화번호 +66 86 586 5405
운영시간 06:00~11:00 토요일
- 매주 토요일마다 열리는 작은 빵 시장. 푸르른 자연에서 열리는 만큼 찾아오는 방문객도 많다. 하루쯤 일찍 일어나 나나정글에서 아침을 시작해 보자.

플리 마켓 Flea Market

위치 18.821199, 98.970629
전화번호 +66 61 390 9100
운영시간 07:00~14:00 토, 일
- 주말에만 열리는 치앙마이의 동묘 같은 플리 마켓으로 다양한 잡동사니를 구경하고 사는 재미가 쏠쏠하다. 주말에 열리는 마켓을 차례로 들러 봐도 좋다.

bucket list 16

오직 치앙마이에만 있는
독특한 아이템 쇼핑하기

치앙마이에 왔다면 치앙마이만의 감성이 듬뿍 담긴 소소한 물건들을 빼놓을 수 없다. 개성 강하고 자유로운 느낌이 물씬 나는 빈티지 의류부터 자잘한 소품들까지. 무엇이든 손으로 만들기 좋아하는 예술인들이 모여 있어서 그런지 핸드메이드 소품 가게와 라탄 가게가 많다. 구경하는 재미가 쏠쏠할 뿐만 아니라 지갑마저 탈탈 털고 오게 만든다. 한국보다 저렴하게 살 수 있으니 눈을 크게 뜨고 내 취향과 잘 맞는 것들을 찾아보자!

위치 18.792264, 98.991393
전화번호 +66 86 908 3776

나나이로
Nanairo

일본인이 운영하는 유니크한 빈티지 옷가게. 특이한 옷투성이라 주인에게 도대체 어디서 가져 오는 거냐고 물으니 직접 디자인하거나 일본에서 구입해 온다고 한다.

치앙마이의 강한 햇빛을 가려 줄 챙이 넓은 모자를 써보기도 하고 여행자 느낌을 물씬 나게 할 옷도 찾아보자. 히피스러움이 잔뜩 묻어나는 빈티지 아이템을 쇼핑하고 싶다면 나나이로만큼 알맞은 곳도 없을 것! 나나이로의 주인이 얼마나 고심하며 제작하고 물건을 가져 왔을지 가게를 한번 둘러보기만 해도 그 애정을 느낄 수 있다. 나조차도 집에 돌아가기 전에 이곳에서 맘껏 쇼핑을 하고 가리라 다짐을 했으니 말이다.

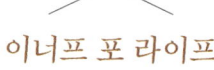

이너프 포 라이프
Enough for Life

핸드메이드, 빈티지, 라탄. 치앙마이 하면 떠오르는 것들이다. 그렇기에 핸드메이드 소품 구경이 빠지면 무척 아쉽다. 반캉왓 마을로 들어서면 바로 눈에 보이는 이너프 포 라이프는 늘 활짝 열려 있다. 문 앞에서 기념 사진을 찍는 여행객들을 비집고 들어가 보자. 이곳은 게스트하우스이면서 소품 가게이자 카페로 많은 물건을 팔지는 않지만, 치앙마이의 분위기를 제대로 담고 있는 게 느껴질 것이다. 작은 컵 하나를 들고서 한국으로 돌아가 이 컵에 물을 따라 마시는 상상을 해본다. 물을 마실 때마다 치앙마이를 여행했던 기억이 떠오르며 마음이 따뜻하고도 몽글몽글해질 것 같다.

위치 18.776178, 98.948433
운영시간 11:00~17:30 월요일 휴무

위치 18.790304, 98.994787
전화번호 +66 53 251 408
운영시간 08:00~18:00

라탄 가게
Rattan Shop

방 안에 라탄 바구니만 무심하게 툭 놓아도 공간이 신경 쓴 듯 살아난다. 그래서 모두들 치앙마이에 오면 라탄 소품은 꼭 하나라도 사가려고 한다. 티코스터나 슬리퍼, 빵 바구니, 심지어 의자까지도 라탄으로 만든 라탄 거리는 라탄을 사랑하는 이들에게 천국 같은 곳이다. 라탄 거리에 들어서자마자 보이는 가게를 시작으로 다양한 라탄 가게가 모여 있으니 취향에 따라 물건에 따라 들러 보자.

마음 같아서는 라탄 선베드를 집으로 가져가고 싶지만 그러지 못하니 아쉬운 마음으로 슬리퍼와 테이블 매트, 티코스터를 주섬주섬 산다. 조그만 티테이블은 들고 갈 수 있지 않을까 머리를 열심히 굴려 보지만 이미 꽉 찬 캐리어를 생각하며 발걸음을 돌린다. 보물 창고 같던 라탄 가게야, 다음엔 꼭 빈 캐리어로 너희를 데려올게!

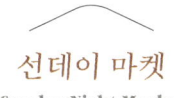

선데이 마켓
Sunday Night Market

방콕의 카오산로드처럼 치앙마이를 다녀간 사람은 분명 선데이 마켓도 꼭 다녀갔으리라 믿는다. 그만큼 치앙마이를 대표하는 가장 큰 야시장이기 때문에 기념품을 살 예정이라면 곧장 이곳으로 오자. 치앙마이의 올드시티가 저녁에는 전부 야시장으로 변하는 광경을 구경하는 것도 꽤 재미있다. 낮엔 차와 오토바이, 자전거가 정신없이 다니던 길이었는데 일요일 저녁이 되자 여행객들로 꽉꽉 차는 모습이 낯설기도 하다. '이걸 사려면 어디로 가야 해요?' 물어보면 다들 선데이 마켓에 가보라고 하니 치앙마이의 모든 물건은 선데이 마켓으로 다 모이는 듯하다. 오늘은 소중한 사람들에게 나눠 줄 기념품을 잔뜩 사고 길거리 음식으로 배를 채우고 집으로 돌아가야지!

tip 선데이 마켓이 열리는 날은 수많은 여행객이 동시에 몰리기 때문에 야시장이 시작하는 시간이나 끝날 때쯤에 가야 조금이라도 덜 복잡하게 다닐 수 있다.

위치 18.788374, 98.985307
운영시간 17:00~22:00 일요일

shopping
쇼핑 리스트

과일 모양 비누

비누지만 방향제로 많이 쓰이곤 한다. 차 안에나 화장실 안에 걸어 놓으면 향이 은은하게 퍼진다. 모양도 귀엽고 선물하기에 무난해 여행객들이 많이 사가는 기념품 1위.

가격 3개 100밧

향초

태국의 향기를 나의 공간에 잔뜩 채워 줄 향초도 빠질 수 없는 쇼핑 아이템. 향초를 한 뭉치 사서 이곳이 그리울 때마다 집 안에 피워 놓으면 그때의 공기를 고스란히 느낄 수 있다.

가격 3개 120밧

드림캐쳐

길고 긴 선데이 마켓을 지나가다 보면 눈에 띄는 드림캐쳐 가게가 있다. 종류도 무척 다양해 원하는 색과 디자인을 고를 수 있다. 악몽을 물리쳐 주는 신통한 소품이라고 하니 마음에 쏙 드는 드림캐쳐 하나를 챙겨 오자. 그날 밤은 깊은 잠에 빠져들지도 모른다.

가격 220밧

local food
야시장 먹거리

생과일 주스

사람들이 가득 찬 야시장의 열기를 버티려면 마실 것은 필수! 가끔 사람에 치여 정신이 혼미해질 때 코코넛 주스나 생과일 스무디를 마시며 잠시 쉬어가 보자. 갈증이 너무 날 때는 태국의 소울 드링크인 땡모반을, 지쳐서 당이 필요할 때는 망고 주스를 마시면 또다시 힘내서 이곳저곳을 둘러볼 수 있는 힘이 생길 것이다.

가격 30~40밧

팟타이

태국의 대표 음식 팟타이를 야시장에서 먹어 보는 것만큼 현지를 잘 즐길 수 있는 게 있을까. 치킨 팟타이든 새우 팟타이든 어느 것이라도 좋다. 길거리를 걸으며 이것저것 태국 음식을 조금씩 사서 요기를 하면 길이 끝날 때쯤엔 어느새 배가 불러 있을 것이다. 생각보다 괜찮았던 저녁이 되었을지도 모른다.

가격 50밧

course
하루 코스

클레이 스튜디오 커피 Clay Studio Coffee in the Garden
위치 18.782032, 98.987372
운영시간 07:00~15:00
이용요금 음료 평균 70밧 토스트 70밧
- 흡사 유적지 같은 모습에 입구에서부터 놀라게 되는 고즈넉한 분위기의 카페. 조용하게 시간을 보내고 싶다면 추천한다.

농부악 시티 공원 Nong Buak Hard public Park
위치 18.782077, 98.979381
운영시간 06:00~21:00
- 올드시티 남쪽의 수안 푸룽 게이트에서 가까운 공원으로 안에는 연못과 정자도 마련되어 있다. 돗자리를 깔고 휴식하기 좋다.

쿠킹 러브 Cooking Love
위치 18.789031, 98.992344
전화번호 +66 94 634 8050
운영시간 09:00~23:00
- 뿌팟퐁커리와 솜땀이 맛있는 로컬 식당. 대부분 메뉴에 간이 과하지 않아 태국 음식을 처음 먹어 보는 사람에게도 부담이 없다. 식사 후에는 수박이 서비스로 나오니 후식까지 남김없이 즐기자.

선데이 마켓 Sunday Night Market
위치 18.788374, 98.985307
운영시간 17:00~22:00 일요일
- 치앙마이를 대표하는 가장 큰 야시장으로 일요일 저녁이면 여행객들로 꽉 찬 모습을 볼 수 있다. 기념품을 사기도 좋고 간단하게 배를 채우기도 좋은 곳이다.

쿤카 마사지 Khunka Massage
위치 18.788335, 98.986601
전화번호 +66 80 777 2131
운영시간 10:00~22:00
이용요금 전신 마사지 590밧
- 시원한 마사지를 저렴한 가격에 받을 수 있는 곳으로 어떤 마사지를 받든 후회 없는 선택일 것이다.

bucket list 17

플라워 마켓에서
나에게 꽃 선물하기

뻥강 옆으로 왜 이렇게 길 따라서 사람이 많나 했더니 우리나라 고속터미널역처럼 꽃시장이 열려 있다. 우리나라보다 다채롭고 선명한 색의 꽃이 사람들의 눈길을 끌기 딱이다. 나도 발걸음을 잠시 멈추고 이곳의 꽃들은 뭐가 다를까 하며 살펴본다. 마음에 드는 꽃들로 만든 꽃다발을 사서 설레는 마음으로 발걸음을 옮긴다. 숙소로 돌아가면 좋아하는 차분한 노래를 틀어 놓고 꽃을 다듬어야지. 그리고 머리맡에 두고 오늘은 좀 더 기분 좋게 잠들어야겠다.

플로리스트 마켓
Florist Market Mueang Chiang Mai

빨간색 분홍색 산호색 하얀색, 색색의 장미와 이름도 낯선 열대지방의 꽃을 잔뜩 볼 수 있는 곳. 오늘은 나를 위해 꽃을 선물해 보면 어떨까. 한 다발에 꽃이 너무 많이 들어 있다고 걱정하지 않아도 된다. 여행객들을 위해 따로 한 송이씩 포장된 꽃도 있어 부담 없이 살 수 있으니 말이다. 꽃 이름이 궁금해 꽃집 주인에게 물었지만 답이 태국어로 돌아오니 도통 알 수 없다. 그래도 쨍하게 자기만의 색을 내는 꽃을 보니 동남아 출신이 맞구나 하는 생각이 든다. 마음에 드는 꽃을 골라 사서 삥강을 따라 걸어 보자. 어쩐지 선물 받은 것처럼 마음 한구석이 뿌듯해진다. 삥강에 서서 꽃을 들고 찍으면 이보다 더 예쁘게 나올 수는 없을 것이다.

위치 18.790689, 99.001548
운영시간 24시간 영업

와로롯 마켓
Warorot Market

치앙마이를 깊숙이 느낄 수 있는 시장으로 관광객이 붐비는 나이트 바자와는 또 다른 곳이다. 나이트 바자에서 볼 수 없었던 물건이 많고, 분위기도 더 예스럽다. 특히 나무로 만든 그릇과 접시, 바구니 등을 다른 곳보다 저렴하게 팔고 있어 나무 제품을 쇼핑하기에 제격이다. 뿐만 아니라 아기자기한 파스텔 색의 법랑도 그냥 지나칠 수 없다. 모양도 크기도 조금씩 다른 색색의 도시락 용기를 보면 벌써 피크닉을 떠나고 싶어질 것이다. 현지인처럼 와로롯 시장 구석구석을 누벼 보자. 또 어떤 보물 같은 물건을 찾게 될지 모른다!

위치 18.790279, 99.000577
전화번호 +66 53 232 592
운영시간 04:00~18:00

course
하루 코스

○— 다스 홈 베이커리 Da's Home Bakery
위치 18.791804, 98.992717
전화번호 +66 53 289 605
운영시간 06:30~20:00
- 든든하고 신선한 아침 또는 브런치를 즐기기 좋은 곳. 야외에도 깔끔한 테이블이 마련되어 있으니 상쾌한 아침 공기를 마시며 맛있게 배를 채워 보면 어떨까.

플로리스트 마켓 Florist Market Mueang —○
Chiang Mai
위치 18.790689, 99.001548
운영시간 24시간 영업
- 삥강 근처에 위치한 꽃집으로 낯설고도 예쁜 열대지방의 꽃을 구경할 수 있다. 작은 꽃다발을 한 다발 사서 삥강을 산책한다면 기분 좋은 하루가 될 것이다.

○— 아룬 라이 Aroon Rai
위치 18.786496, 98.993529
전화번호 +66 53 276 947
운영시간 12:00~21:30
- 제대로 된 태국 음식을 먹고 싶다면 이곳을 찾자. 현지 분위기를 느낄 수 있는 태국 북부 요리 맛집으로 강한 향신료도 거뜬히 즐긴다면 이곳이 제격이다.

나이트 바자 Night Bazaar —○
위치 18.785275, 99.000276
전화번호 +66 98 553 1083
운영시간 17:00~24:00
- 선데이 마켓보다 규모는 작지만 매일 열리는 야시장으로 구경하기 좋게 정돈되어 있어 늘 사람들로 북적인다. 다양한 푸드 코트가 마련되어 있고 라이브 밴드의 공연도 열려 즐거운 저녁 시간을 보낼 수 있는 곳이다.

인덱스

ㄱ

그래프 카페	45
꼬프악 꼬담	119

ㄴ

나나이로	172
나나 정글	166
넘버39 카페	132
농부악 시티 공원	62, 181

ㄷ

다스 홈 베이커리	189
더 굿 뷰	73
더 노스 게이트 재즈 코업	154, 159
더 반 이터리 앤 디자인	138, 139
더 래버러토리	99, 101
더 아이언우드	144
도이 인타논	20
돈 크라이	93
동 마담	142
뚜앙 똥 캐니언 뷰	83

ㄹ

라이즈 루프탑 바	159
라타나코신 다리	68
라탄 가게	176
란라오	55
러스틱 앤 블루	50, 55
럭룹 크래프트 코티지	96
레스토랑 6	65
레지나 가든	70
루츠 라 레게	157
리스트레토 랩	65
리틀 쿡 카페	159

ㅁ

마린 플라자	65
마마노이 타이 쿠커리 스쿨	123
몬 쨈	22, 149
미쑥 헬스 마사지	111

ㅂ

바라리 스파	55
바질 쿠커리 스쿨	123
반캉왓 모닝마켓	139, 164
베어풋 카페	127
버거 퀸	93
부짜스 백팩커스	90
블루 누들	45
비어 랩	101
빠이	21, 84
빠이 여행자 거리	93

빠이 캐니언	88
빠이 핫스프링 스파 리조트	87
뼁강	19, 66

ㅅ

삿바 요가	114
서포트 소이 14/6	41
선데이 마켓	21, 177, 181
손즈 피자	169
솜땀우돈	119
숍 모에이 아츠	73
수텝 앤 선즈 카페	136
슬로우 핸즈 스튜디오	116
시즌스 아이스크림	139
싸이웅암 온천	86

ㅇ

아룬 라이	189
아이언 브리지	73
아트 인 짜이	93
앙깨우 호수	58
엣 쿠아렉 카페 앤 레스토랑	71
옐로우 선	93
올드시티	36
옴니아 팝업 카페	49
와로롯 마켓	186

왓쳇욧	119
왓체디루앙	45
왓프라싱	40, 45
왓프라탓 도이수텝	19, 32
워터파크	107, 111
원남만	48, 55
이너프 포 라이프	174

ㅊ

청도이 로스트 치킨	55
치앙마이 그랜드캐니언	20, 83, 106

ㅋ

카오소이 쿤야이	159
카페 반녹	111
카페 드 빠이	91
카페 드 오아시스	65
쿠킹 러브	181
쿤모 퀴진	65
쿤카 마사지	181
퀸 시리킷 보타닉 가든	149
크레이지 누들	139
클레이 스튜디오 커피	181

ㅌ

타이 팜 쿠킹 스쿨	124, 127
타패 게이트	127
타패 이스트	127
테이스티 카페	59
통마 스튜디오	147

ㅍ

판파 커피	159
펀 포레스트 카페	38
패드 센 벤자	101
페이퍼 스푼	134
펭귄 코업	119
포레스타 빌라	111
포레스트 베이크	73
푸핀 도이	83
푸핀 테라스	108
푸핑 궁전	35
프리 버드 카페	101
프리에이티브 아프 스페이스	139
플레이웍스	101
플로리스트 마켓	184
플로어 플로어 슬라이스	52
플로엔 루디	156
플리 마켓	169
펑키 그릴	35

ㅎ

하우스 호스텔	98
항동	76
항동 마을 시장	81
호시하나 빌리지	78
호피폴라	111, 152
홈 카페	169
홍태우 레스토랑	35
후웨이 통 타오 호수	19, 60, 65
힌레이 커리	73

—

YMKW	119